高手看人

南洲 编著

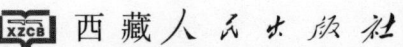
西藏人民出版社

图书在版编目（CIP）数据

高手看人 / 南洲编著. -- 拉萨：西藏人民出版社，2024. -- ISBN 978-7-223-07929-7

Ⅰ. C912.11-49

中国国家版本馆 CIP 数据核字第 2025Q3Y301 号

高手看人

编　　著	南　洲
策　　划	计美旺扎　扎西欧珠
责任编辑	黄　霞
封面设计	曹柏光
出版发行	西藏人民出版社（拉萨市林廓北路 20 号）
印　　刷	三河市祥达印刷包装有限公司
开　　本	910×1260　1/16
印　　张	13.5
字　　数	152 千
版　　次	2025 年 7 月第 1 版
印　　次	2025 年 7 月第 1 次印刷
印　　数	01-10,000
书　　号	ISBN 978-7-223-07929-7
定　　价	39.00 元

版权所有　翻印必究

（如有印装质量问题，请与出版社发行部联系调换）

发行部联系电话（传真）：0891-6826115

前言
高手看人

生活中，无论我们从事何种职业，都需要和不同的人打交道。如果我们想要做得好一些、成功一些，就需要准确地理解别人的心理，了解别人想要什么、喜欢什么、讨厌什么、担心什么，如此才能在与他人的交往过程中掌握主动权，更好地与他人相处、合作。

然而，每个人在社会上都仿佛戴着一张面具，不会轻易透露自己的心思。因此，人们常常感叹人心难测。我们可能因为不了解别人的心思而得罪过很多人，办砸过很多事，错失不少机会，自己也可能因此受到伤害。同样，有时我们也会误会别人的好意，辜负了别人的一片好心，伤了别人的心却还不自知。

那么，洞察人心、练就一身看人的本事真有这么难吗？不妨先来看一个小故事。

一家剧院门口有一位常年行乞的老人，他衣衫褴褛，面容枯槁，看上去十分窘迫。然而，他每天的收入可不少。有一位年轻人出于好奇，经常在旁边的咖啡店观察这位老人,这才发现,这位其貌不扬的乞丐有着惊人的洞察人心的本领。他不像别的乞丐见人就伸手乞讨,而是会先观察从他面前走过的每一位行人,从他们的眼神和外表判断这个人是一毛不拔的"铁公鸡",还是出手大方的"慈善家",又或者是心地善良的好心人。如果有人透露出一丝善意的目光,或者下意识伸手摸钱包,他便会立刻抓住机会。这样高明的行乞者,自然能够频频获利。

这位行乞的老人并非天生的心理学家,也没有受过任何专业训练。他之所以能在短暂的时间里看出行人的心理,关键在于长期的观察以及与各种人打交道的经历。

可见,人的心理是能够被"阅读"的。正如心理学家弗洛伊德曾说:"任何人都无法保守他内心的秘密。即使他的嘴巴紧闭,但他的指尖却喋喋不休,甚至他的每一个毛孔都会背叛他!"虽然人人都戴着面具,但每个人的心理仍然是有章可循的。生物学家和心理学家已经证实,我们的肉体和思想在生理上和心理上都是紧密结合的,精神和身体就像是一个硬币的两面,相互影响、互为因果。

当我们思考时,大脑中会发生电化学反应,头脑中的每一个想法都会以这样或那样的方式影响着我们的身体。反过来,任何发生在我们身上的事情也会影响我们的精神活动。一个人的外表、姿势、动作、说话的语气,甚至一个眼神、一句叹息,都在传达他内心的所思所想。实际上,在人与人交流的过程中,这些非言语信息占到了交流总量的90%以上。

人与人之间的交流大部分是通过肢体语言和声音来传达的,而我们却仅仅把注意力集中在别人对我们说了什么。"看人"的本质就是"看"这些被我们忽略的"语言",即通过观察他人的身体反应和特征来了解他人的心理活动。

看人看到骨子里并不是高深莫测的科学技术,而是人人都可以通过练习而掌握的一种能力。实际上,我们每天都在做这件事,只不过自己并没有意识到这一点。只要你留心观察、认真揣摩,久而久之,也能够练就"看人"的高明技巧,成为一个看人高手。

本书分为上下两篇。上篇为大家介绍"看人"的基本原理,也就是为什么我们能够读懂人心。接着,下篇详细介绍"看人"的具体方法,包括如何从一个人的外表、言谈、肢体动作、面部表情、行为习惯等方面了解他的内心。

老子说:"知人者智。"在这个竞争日益激烈的时代,想要取得事业的成功、建立广泛的人脉、追求家庭的幸福,就需要掌握看穿人心的本领,才能"世事洞明,人情练达",在复杂的人际关系中游刃有余。

破解肢体密码　洞悉微表情玄机

AI拆解人性法则

掌握"读心术"底层逻辑

聆听·智慧之声
AI播客深度解读
多维视角激活思维碰撞

对话·AI鉴心师
24小时在线陪练
解锁微表情　识别小心思

解构·人格心理学
看透行为本质　洞悉相处之道

了解·情商智慧课
掌控心情节奏　开启顺遂人生

上篇　为什么能看透人

第一章　精神和生理是一个硬币的两面

大脑中的每一个想法都会引发一连串的生理反应 / 2

任何发生在人们身上的事情都会影响精神活动 / 4

激活与某种情感相联系的肌肉，就会激活相应的情感 / 6

第二章　人际沟通中90%的非语言信息被忽略了

面对面的沟通中，信息所产生的影响力
　　仅有7%是来自说话内容 / 9

言语的意义比不上声音，而声音的意义比不上肢体语言 / 12

第三章　无意识的表情是探测真情实感的线索

无意识的表情是探测真情实感的线索 / 16

轻微表情、局部表情与微表情 / 18

7种全球通用的表情模式 / 19

第四章　不同的感官创造不同的思维方式

　　感官记忆在思考中既负责回忆，也参与创建 / 22
　　不同的感官创造不同的思维方式 / 24

第五章　如何判断对方的主导感官

　　观察眼睛运动方向判断被激活的感官记忆 / 27
　　主导感官决定我们喜欢使用哪种词汇 / 29
　　开放式提问和言行节奏，告诉你对方的思维模式 / 33
　　行为特征是主导感官作用的综合表现 / 34

下篇　看人看到骨子里

第一章　服装潜台词：想要呈现怎样的自己

　　常穿暖色系衣服者多开朗，常穿冷色系衣服者多含蓄 / 38
　　喜欢华丽花哨服装的人有较强的自我表现欲 / 41
　　领带的花纹显示出"想要别人怎么看自己" / 43
　　T恤上的文字和图案想要表达什么 / 45
　　喜欢穿运动休闲鞋的女人警觉心强 / 47

第二章　淡妆浓抹皆有玄机

　　从眼镜的样式解读"希望改变自己的程度" / 49
　　全身珠光宝气，是没有自信的表现 / 51
　　从唇彩的颜色看女性的性格和职业 / 53

喜欢用长发盖住耳朵的人，有孤独的倾向 / 56
背浅色包的人希望自己与众不同 / 57

第三章　相由心生，人可以貌相

皮肤白皙的男性通常内向而害羞 / 60
不同体型的人有怎样的性格特征 / 61
一脸苦相的人，大多心胸狭窄 / 64
额头宽的人聪明，额头窄的人老实 / 66
下巴也是一个人个性的象征 / 67
与颧骨突出的人沟通不要拖泥带水 / 69

第四章　听到这些话，千万要注意

"可能吧"其实是"我不同意你的说法" / 72
说自己"性格不太好"的人其实很自恋 / 73
"可是"是听不进去的表现 / 75
担心"做不好怎么办"的人，往往认真负责 / 77
常说"我"的人，要先解决他的利益问题 / 78
说"我这人不会说客套话"的人，很会拍马屁 / 80

第五章　从言语习惯看交流之道

好用夸张说法的人，渴望与人交谈 / 83
老调重弹的话题，希望你继续追问下去 / 85
开场白太长是缺乏自信的表现 / 86
常发牢骚的人，往往苛求完美 / 87
说话像放连珠炮的人，往往缺少心计 / 89
说话声音大的人，性情多粗犷 / 91

第六章　不同的借口，不同的性格

"外罚型""内罚型"与"无罚型"人格 / 93
以"本来是想"为借口的人，自尊心很强 / 94
"不打算找借口"的人不会老实道歉 / 96
事先强调不利条件的人，非常在意别人的看法 / 98
以"站在别人的立场想想"为理由的人很自私 / 99

第七章　谈话时的反应不容忽视

回应慢半拍的人，绝对没在听你说话 / 102
摆出与众不同姿势的人，想要发表自己的意见 / 104
说话间隔时间长的人，喜欢做逻辑分析 / 106
从坐椅子的方式，看对方是否用心听你说话 / 108
交谈时不断摸头发的人，喜欢说"问心无愧" / 110
说话时常清嗓子的人，可能在掩饰不安 / 113

第八章　从头部动作看认可与否定

点头如捣蒜，表示他听烦了 / 115
鼻孔扩张的人情绪高涨 / 117
下巴的角度是态度的分水岭 / 119
笑容可以表露人心 / 121
模仿你打哈欠，是"认同你"的开始 / 123

第九章　眼神和视线透露了意识和喜好

走路时视线向下的人凡事精打细算 / 127
避开视线、延长眨眼时间是讨厌的信号 / 129
握手时一直盯着你的人，心里想要战胜你 / 131

从镜框上方看人,是审视的表现 / 133

习惯耷拉上眼皮的人,多老谋深算 / 135

第十章 控制与防备,看手就知道

对方是否喜欢你,握手见分晓 / 138

握紧拳头的人,打从心里讨厌你 / 140

头枕双手,一切都在他掌控之中 / 142

自我抚摸是为了寻求安慰 / 143

常摆出塔尖式手势的人,高度自信 / 145

第十一章 从面部表情中识别紧张情绪

眼睛向右上方看,大脑正在制造想象 / 148

避免眼神接触,因为害怕被人看穿 / 149

四目交接超过5秒,说谎指数100% / 151

假表情总是慢半拍、持续时间长 / 153

硬挤出来的笑容让嘴巴紧闭 / 155

第十二章 不经意的小动作会泄露真相

动作和语言不一致,嘴上说的不能信 / 158

不时用手接触口鼻,是企图隐藏真相 / 160

不安的双脚泄露了紧张情绪 / 162

把头撇开是因为想要逃避话题 / 164

第十三章 从叙述方式中发现欺骗的线索

说谎者无法倒着叙述事情 / 166

说谎大王都是"记忆专家" / 168

说话声音高而缺乏变化，是明显紧张的表现 / 170

提到的数字都是同一个数，或是它的倍数，

　　可能在说谎 / 172

第十四章　从行为举止看相处之道

对你彬彬有礼的人不欢迎你太亲近 / 175

初次见面就有身体接触的人过于自信 / 177

习惯性迟到是因为态度傲慢 / 179

总往人群里钻的人，内心渴望被关注 / 181

签名时名字向右的人积极向上 / 183

第十五章　生活细节中的个性痕迹

发微信多使用表情符号的人小心翼翼 / 186

喜欢在咖啡厅谈话的人，谨小慎微 / 188

字体较大、笔压无力、字形弯曲的人，和蔼可亲 / 190

照相总是站在别人旁边的人，凡事不会自己做主 / 193

看他把手机放在哪里 / 194

第十六章　从消费习惯看人生态度

讨厌折扣促销的人最害怕和别人一样 / 196

收到账单后立即付款的人很有魄力 / 198

喜欢把钱存定期的人，比较稳重 / 199

喜欢买保值物品的人，比较有远见 / 201

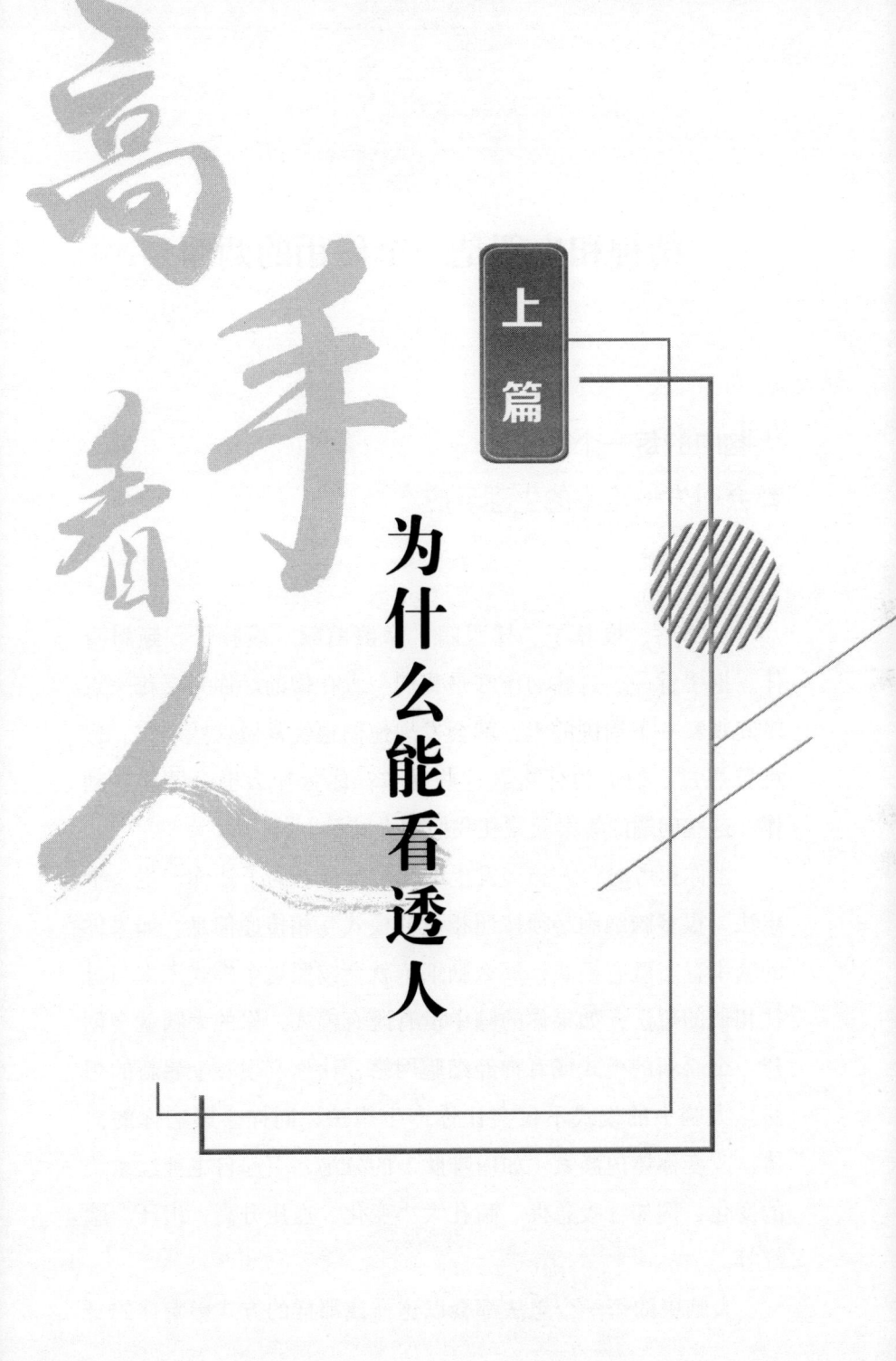

上篇 为什么能看透人

第一章
精神和生理是一个硬币的两面

大脑中的每一个想法
都会引发一连串的生理反应

咬嘴唇、摸鼻子、揉眼睛、摩擦前额、摸脖子、倾斜身体、抱手臂……这些动作都是我们一直在做的。你只要花一点时间观察一下周围的人，就会发现他们也经常做这些动作。你可曾想过，他们为什么做这些动作？你为什么也会做这些动作？这些问题的答案就藏在我们的大脑里。

当你思考时，大脑会发生电化学反应。为了让你产生一个想法，很多脑细胞必须按照相应的模式互相传递信息。如果你的脑中存在既有模式，那么脑细胞就会按照这个模式产生与过往相似的想法；如果你的脑中没有既有模式，你的大脑就会创建一个崭新的模式或者神经细胞网络，让你产生一个崭新的想法。大脑中的模式不仅会让你产生想法，同样会影响你的肉体，改变你体内激素（如内啡肽）的分泌，引起自主神经系统的变化，例如呼吸急促、瞳孔大小变化、血压升高、出汗、脸红等。

大脑中的每一个想法都会以这样或那样的方式影响你的身

体，有时候这种影响非常显著。例如，当你感到恐惧时，你的嘴唇会发干，涌到大腿的血液会增加，以便帮助你随时逃跑。有时候，身体所起的变化很细微，难以被察觉，但是它们的确存在。例如，当你撒谎时，你可以尽量让自己保持"脸不红心不跳"的状态，但是你还是会不敢直视对方的眼睛。这样看似不经意的回避，也是你无法避免的，它是由大脑中的想法控制的。

那大脑中的想法是如何引发一连串的生理反应的呢？这与我们大脑的边缘系统大有关系。很多人都知道自己拥有一个大脑，也知道这个大脑是他们认知能力的基地。事实上，人的头颅中有三个"大脑"，每个大脑都有着不同的职责。它们合并起来就形成了"命令加控制中枢"，后者驾驭着我们身体的一切。1952年，一位名叫保罗·麦克林的科学先驱提出，人类大脑是由"爬虫类脑"（脑干）、"哺乳动物类脑"（边缘系统）和"人类大脑"（新皮质）组成的三位一体的器官。

大脑边缘系统对我们周围世界的反应是条件式的、不加考虑的。它对来自环境中的信息所做出的反应也是最真实的。边缘系统是唯一一个负责我们生存的大脑部位，它从不休息，一直处于"运行"状态。另外，边缘系统也是我们的情感中心。各种信号从这里出发，前往大脑的其他部位，而这些部位各自管理着我们的行为，有的与我们的情感有关，有的则与我们的生死有关。

这些边缘的生存反应是我们神经系统中的"硬件"，很难伪装或剔除——就像我们听到很大的噪声时试图压抑那种吃惊的反应一样。所以，边缘行为是诚实可信的行为，这已经成了公理。这些行为是人类的思想、感觉和意图的真实反映。

1999年12月，美国海关截获了一名被称作"千年轰炸者"的恐怖主义分子。入境检查时，海关人员发现这名叫阿默德的人神色紧张且汗流不止，于是勒令他下车接受进一步询问。那一刻，阿默德试图逃跑，但是很快就被抓住了。海关人员从他的车里搜出了炸药和定时装置，阿默德最终供认了他要炸毁洛杉矶机场的阴谋。

　　神色紧张和流汗是大脑对巨大压力固有的反应方式。由于这种边缘行为是最真实的，海关人员才能毫无顾虑地逮捕阿默德。这件事情说明，一个人的心理状态会反映在身体语言上。

　　一般来说，当边缘系统感到舒适时，这种精神或心理上的幸福就会反映在非语言行为上，具体表现为满足和高度自信。然而，当边缘系统感到不适时，相应的身体语言就会表现出压力或极度不自信。这些身体语言将帮助你了解社交对象和工作对象的所思所想。

　　所以，人不可能在思考的同时不发生任何生理反应，人的大脑边缘系统会将我们的想法以身体语言的形式"泄露"给其他人。这意味着，只要观察一个人发生了哪些生理反应，就能知道那个人的感觉、情感和想法。

任何发生在人们身上的事情
都会影响精神活动

　　我们在一生中有过很多经历，这些经历往往和强烈的情感状态相关，比如快乐、憎恨、爱、欢喜、愤怒、紧张等。当我们回想起这些过往的经历时，不仅事件本身历历在目，当时的感受也记忆犹新，就像它们刚刚发生过一样。有时候，我们即使记不清当时事件的具体内容，也能回忆起当时的情感状态。

任何发生在人们身上的事情都会影响精神活动。例如，你远远地看见某一个人，就本能地感到不喜欢他，直到偶然间你才想起，这可能是因为他曾经冤枉你偷摘了花园的花，或者是因为他穿着和那个冤枉你的人一样的上衣。

像这样，因为偶然看到某件上衣而引发回忆中的情感反应，被称为心锚。我们之所以在无意识中把某种事物或经历与某种情感联系在一起，是因为这些事物或经历的出现引发了特定的情感记忆。发生在我们身上的事情对我们的情感留下很多印记，于是我们随时随地都会碰到心锚。比如，远在异乡时吃到家乡菜，会勾起我们对家乡的回忆和思念；听到熟悉的歌，会使我们回到当初被它打动时的心境；当翻看毕业照时，我们会想起那一张张青春阳光的笑脸；当我们进医院时，会想起曾经某位亲友在这里诊治伤病的痛苦，而悲从中来……

心锚不仅会让我们想起特定的记忆，也会与强烈的情感联系起来。在这里，我们感兴趣的心锚不是那种仅引发回忆的心锚，而是可以触发人们不同情感状态的心锚。如果知道别人无意识中隐藏着什么样的心锚，你只需要去触动它们，就能影响对方的情感。当然，你不能怀有恶意地去触动别人的心锚，例如故意揭别人的伤疤，或者有意地让别人难堪。

我们不妨在别人身上创造出新的心锚，让他一想起你就产生快乐、舒服的情感。你可以在与对方聊天的时候，保持快乐阳光的状态，说一些让大家高兴的话题，再附上一则笑话，让对方在交谈中感到快乐和轻松。那么，以后每当他看到你的时候，都会有一种高兴的心理，进而对你有比较好的印象，以后打交道也就容易多了。

总之，发生在人们身上的事情都会影响他们的精神活动。你要想了解或者掌控对方的心理或情感，可以从那些发生以及即将发生在他身上的事情着手，这是精准看人的一大可靠信息来源。

激活与某种情感相联系的肌肉，就会激活相应的情感

不仅我们的身体语言会反映出我们的思想，反过来也是一样，我们的身体语言也会影响自己的精神活动。因为思想并不只是发生在大脑中，思想也发生在整个身体之内。就拿情感这一精神活动来举例，如果你激活了与某种情感相联系的肌肉，你也会激活并经历相应的情感，甚至是相应的精神活动，而这些又会反过来再次影响你的身体。正如演员演一个愤怒的人时，他会强迫自己皱起眉毛、怒视前方、咬紧嘴唇等。通过做这些当人感觉愤怒时脸部肌肉会自然而然做出的动作，演员激活了自己的自主神经系统，从而产生了愤怒的情绪，让自己融入角色。而这些情绪又会影响他的身体，这也就是为什么有些演员演完戏以后还不能从角色中走出来，他们被角色的情绪影响太深了，以至于不能控制自己的身体语言。

所以，身体和思想的影响是双向的：正在进行的思考会影响身体，而身体的任何变化也会影响思考。精神和生理是一枚

硬币的两面，相互依存、相互影响。通过观察他人的身体反应，我们可以了解和掌握他人的心理活动，成为一个出色的看人高手；而通过激活对方与某种情感相联系的肌肉，我们可以调动起对方强烈的情感体验，影响对方的喜怒哀乐。

当你的朋友和爱人陷入忧伤、抑郁、悲痛的消极情绪中时，你不妨运用自己的身体语言来帮助他们驱散低落的情绪。例如，在一个因丢失钱包而心烦的人面前，你千万别跟着他一起愁眉苦脸，不妨给他一个温暖的微笑，并说一些安慰的话语。当对方看到你诚挚的眼神和温暖的微笑时，会不自觉地把撇下的嘴角收起来，甚至学着你的样子将嘴角轻轻上扬。这个时候，一股暖流通过你的身体语言传递到他身上，再传递到他的心里，丢钱包的低落感能消散很多。再如，你的同事因为工作进展不顺利而情绪低落，你的劝慰不管用，不如学习那些励志人士最喜欢使用的姿势——举起你的小臂，握紧拳头。这个动作能将你的鼓励和信心传递给你的同事，当他回应你同样的动作时，必然会感受到这个身体动作所带来的信心和勇气，从而拥有更多的正面能量，将失落的心情渐渐驱除。所以说，你的身体语言是具有治疗效果的，你可以运用它来帮助他人转变消极情绪，带领对方进入你想要的积极阳光的心理状态。

你的身体语言会影响他人的身体语言，从而影响对方的情绪。所以，在与别人交流时，你一定要注意自己的身体语言，不要给别人的情绪带来不良影响，致使交流受阻。例如，当别人在发表意见时，你不要把头扭到一边或者嘴向下撇。这些动作都能显露出你想打断谈话的意图，是对别人的不尊敬，会给良好的交谈造成致命打击。同样，如果别人发现你在谈话中扮鬼脸、皱眉头或摇头，他很可能也会跟着皱起眉头，停下交谈，或至少改变谈话的方向。这对对方也是一种伤害，会对其情绪产生强大的不良影响。

记住，你可以通过综合运用动作、表情等身体语言，不断影响对方的身体语言，在其脑海中留下你情感的烙印，加强对方的情感体验，随后就能准确而快速地点燃你想要的情感状态。但是，千万不要错误使用你的身体语言，对别人的情感造成不良影响。另外，身体语言的使用也要有度，不是任何消极情绪都是你能用身体语言去影响和改变的。例如，沉浸在悲痛中的人需要让其沉浸一段时间。悲痛是一种让人们保存能量、对引起悲痛情绪的事件进行心理消化的状态。如果你对正经历着悲痛心情的人做出一些积极快乐的身体语言时，那么他需要心理消化从而继续前进的这个心理状态就会被你打乱，甚至被封锁起来，这对他的恢复和发展都是不利的。因此，在这种情况下，你最好让对方沉浸在悲痛但必要的心理状态中一段时间，让他自己进行心理消化，逐渐走出阴霾，重获更多的阳光。

总而言之，身体语言和情感之间的联系非常紧密。在与人交流的过程中，你一定要谨慎使用自己的身体语言，用正确、适当的身体语言引发对方的情感。

第二章
人际沟通中90％的非语言信息被忽略了

面对面的沟通中，信息所产生的影响力仅有7%是来自说话内容

美国心理学家阿尔伯特·梅拉宾曾提出"7%-38%-55%定律"：当人们进行面对面沟通的时候，会运用到三个主要的沟通元素——用词、声调以及肢体语言。所谓的"7%-38%-55%定律"，指的就是这三项元素在沟通中所占的影响比重。用词占7%，声调占38%，肢体语言占比最重，是55%。从这个定律中，我们至少可以明白这样一个道理：在面对面的沟通中，说话内容是最不重要的，肢体语言在信息交流中的重要性可见一斑。

美国行为学家斯泰恩将非言语沟通中的显性行为称为肢体语言，亦称体语。主要包括眼神、手势、语调、触摸、肢体动作和面部表情这类显性行为。肢体语言虽然无声，但具有鲜明而准确的含义，它与我们每一个人的生活息息相关。

譬如，星期天，忙碌了一上午的妻子吃完午饭后刚睡着，丈夫轻轻打开窗户，准备让正在楼下玩耍的女儿回家做作业。为了不吵醒妻子，丈夫没有大声呼喊女儿，而是朝她招了招

手。女儿看见爸爸的手势后,顿时明白了爸爸的意思,便迅速朝家走来。这时,丈夫抬手一看表,不到一点半,心想还可以让女儿再玩一会儿。于是,丈夫又向正朝家走来的女儿挥挥手。女儿看见爸爸的这个手势后,稍微一想,便又掉转头,兴高采烈地和伙伴们玩去了。整个过程,丈夫没有说一个字,仅凭手的两个简单动作,便和女儿完成了两次沟通。

同理,大街上的交通警察指挥来来往往的汽车和行人,靠的也是这种无言的体语。而一些目的性很强的动作,则完全可以看作是一种行为的信号。譬如,书店里,某一个人踮着脚去拿书架上的一本书,我们知道,他想看看这本书。尽管他已经把脚踮得很高,但还是够不着。这时,他旁边个子较高的营业员注意到了他的这个动作,于是从架上拿了那本书递给了这位顾客。营业员是怎么知晓这位顾客心理的呢?因为顾客踮脚的动作表现了一种难以被人忽视的窘境:"我需要帮助!"

不同于有声语言的蕴含性和委婉性,我们身体所表达的话语是鲜明而准确的,尽管这一点我们经常意识不到。有时候,肢体语言一旦和有声语言相结合,能准确传达话语者内心思想和情感的往往不是有声语言,而是肢体语言。譬如,一位年轻女孩告诉她的心理医生,她很爱她的男朋友,与此同时却又下意识地摇着头,从而否定了她的话语表达。可见,要想真正了解交谈对象的话语意思,在认真倾听其述说的同时,还必须认真解读对方的体语。他的一颦一笑、举手投足,都在传达着他的真实想法。

"在没有得到任何证据的情况下是不能进行推理的,那样只会误入歧途。"这是文学经典形象福尔摩斯侦探的名言。福尔摩斯是柯南·道尔笔下的神探,他的神奇之处就在于,他可以凭借指甲、外套的袖子、脚上的靴子、膝盖处的褶皱、食指和拇指上的老茧，以及面部表情和种种行为来判断人的内心活动。

"假如在得到所有这些信息的情况下，竟然还是无法对这些信息的主人做出准确的判断，我认为这一定是天方夜谭。"福尔摩斯如是说。

为什么他有如此大的信心呢？因为他内心十分清楚人的肢体语言所拥有的巨大力量。犯罪嫌疑人可以制造出种种谎言，但是却没有办法控制住自己的肢体语言。不经意中，他们就会把内心的秘密泄露在一个眼神，或者一个看似没有深意的手势里。与一般人相比，福尔摩斯的优势就在于他懂得从人的肢体语言来分辨对方是否在说谎，同时从这些信号里知晓对方的真实想法。

告别了福尔摩斯，我们再来看看卓别林。卓别林是无声电影时代最伟大的电影演员，他塑造了一个又一个大银幕经典形象。只要提起他的名字，我们就会回忆起那个穿着破烂燕尾服、迈着八字步的形象。

与今天音画俱全、推崇技术的电影相比，卓别林的电影受时代和技术的限制，没有声音也没有色彩。但是，这些并没有影响到卓别林对故事的讲述，我们依然能看到一个个结构精巧、感人至深的故事。那么，你不会感到惊奇吗？他是凭借什么在无声的世界里把这些故事完整地叙述出来的呢？

这些问题的答案，既简洁又内涵丰富，那就是肢体语言。卓别林就是运用丰富的肢体语言把人物的感情、想法、经历一一呈现在观众眼前。观众并不会觉得唐突，而是被他的一举一动所感动。演员的肢体表现是无声电影的灵魂。

从福尔摩斯到卓别林，我们一再提及一个词——肢体语言。而我们总是过分重视口头表达内容，却忽略了肢体语言的能量之大。福尔摩斯与卓别林给了我们新的启示：在与人面对面交流沟通时，即使不说话，我们也可以凭借对方的肢体语言来探寻他内心的秘密，对方也同样可以通过肢体语言了解到我们的真实想法。所以，开始注意去探究肢体语言的密码吧！那些曾经被你忽视的非语言信息，才是读懂对方心思的最可靠的资源。

言语的意义比不上声音，
而声音的意义比不上肢体语言

人际沟通包括许多方面，言语沟通和非言语沟通是其中最主要的两个方面。口头语言和书面语言是言语沟通的两种主要方式；非言语沟通则主要包括肢体动作和面部表情这类显性行为，以及通过空间、服饰等表露出来的非显性信息。

口头语言往往被人们认为是最直接的交流方式，在与他人的沟通中发挥着重大作用。其实，语言源于人的主观意识，是最不可靠的信息，有时甚至可以蛊惑人心。就像有那么一类人，他们当面恭维你，背后则诋毁你，"两面三刀"的例子不胜枚举。因为人们能够通过逻辑思维任意修饰自己的语言，为了达到自己的目的，难免会增加语言的虚假成分。同这类人交往时，如果你能更留意一些，就会发现这些人言不由衷的声音和其他表示排斥的动作。也就是说，他的声音和身体在传达完全相反的含义。在这种场景下，你该相信哪一个呢？

最佳的建议，就是相信他的身体。因为人的身体动作是自发的，难以控制。即使有人想通过长期的训练来控制自己的身体，也是相当困难的。人的肢体语言太过复杂，所包含的细节太多，即便你刻意控制了其中的一个细节，隐藏的信息也会在另一些细节上表现出来。

言语经常会是谎言，和真实想法不一致。而一般来说，肢体语言则不会出现"口是心非"的现象，也不会撒谎，它比经过理性加工的有声语言更能表现一个人内心真实的情感和欲望。这是因为一个人内心的真实情感和欲望总是通过身体来直接表达。身体首先会对我们的感觉和情绪做出反应和判断，然后才会呈现做出具体的姿势。

总体上来说，肢体语言符合人们的内心活动。有声语言同肢体语言的矛盾，主要产生于逻辑——数字化秩序之间的对立，或是经过定型化训练与内心活动之间的对立。如果我们不能在对立之间做出抉择，就会在肢体语言上出现矛盾状态。例如，当一个人问别人是否需要他准备啤酒时，却坐在椅子上一动不动，可能很少有人会相信他真的愿意去准备啤酒。因为如果他真的愿意，至少会有一定的行动，比如从椅子上站起来。再如，当一个人想逃避别人审视的目光，或是掩饰自己的尴尬状态时，他往往会避开对方的目光。然而，随着逃避倾向的加剧，以及害怕暴露自己的逃避意图，其逃避动作又会受到一定的遏制。

由此可见，虽然我们能控制身体某些部位的动作，但不能同时控制身体所有部位的动作。因而，一旦内心的真实想法和有声语言发生矛盾，我们的肢体语言就会通过我们无法控制的一些部位展现出内心与有声语言之间的种种矛盾。

所以，正如精神分析学派的鼻祖弗洛伊德所说，要想真正了解说话者的深层心理，即无意识领域，仅凭有声语言是不够的。因为有声语言往往把话语表达者所要表达意思的绝大部分隐藏了起来，要想真正了解话语表达者所述话语的意思，必须把有声语言同肢体语言相结合。

还有一个特别有趣的现象可以说明肢体语言的巨大作用，那就是传奇的占卜术。从某种角度上讲，那些占卜者，尤其是那些具有丰富实践经验的占卜者，都是善于鉴别肢体语言的"大师"。可能不少曾经拜访过所谓"神算子"的人在离开后，常常会这样想："太不可思议了，我什么都没说，他居然连我家有几口人、我现在的情绪状态，以及我曾经有过哪些失败的经历都能说得分毫不差，真是个'活神仙'啊！"

真的是这样吗？非也。虽然你没有开口告诉占卜者自己的情况，但你的肢体语言已经悄悄地把自己的相关情况暗示给了他。比如，你的嘴角后拉，面颊向上抬，眉毛平舒，眼睛变小，占卜者据此可以判定你现在肯定处于一种愉快的情绪状态之中；看见你嘴角下垂，面颊往下拉，变得细长，眉毛深锁，呈倒八字，占卜者据此可以判定你现在肯定处于一种不愉快的情绪状态之中。在为你具体算命的过程中，占卜者若是看见你的眉毛在上下迅速移动，他就知道你很赞同他所说的内容，据此他会沿此思路大吹特吹；如果看见你单眉上扬，他知道你在怀疑他说的内容了；如果看见你皱起了眉头，他知道你不赞同他所说的，于是会马上按相反的方向为你算命。

一份关于占卜术的研究表明，很多经验丰富的占卜者都喜欢使用一种名为"冷观解读"的技巧来为自己的客户算命，其准确率竟然高达70%左右。难道"冷观解读"技巧真的能知晓一个人的前世今生、福祸安危？研究人员进一步研究发现，事实并非如此。所谓的"冷观解读"技巧其实就是占卜者在对"客户"肢体语言进行仔细观察、揣摩，再加以对人性的理解和运用一定的概率知识，而做出的一个大概推断。

记住，肢体语言是绝对坦诚的，能将每个人真实的情绪暴露在他人面前，即便用谎言也无法掩盖。肢体语言对于人们的沟通的确有着不可忽视的意义。所以，如果你能充分识别和掌握肢体语言，你就可以成为一个识人看人的顶尖高手。

第三章
无意识的表情是探测真情实感的线索

无意识的表情
是探测真情实感的线索

有一部电影叫作《致命魔术》，讲述了一对夫妇的故事。影片中，当丈夫对妻子说出"我爱你"时，有的时候说的是真话，有的时候却是在说谎，而他的妻子总是能够通过直视丈夫的眼神看穿丈夫说的是真是假。

从小就有人告诉我们，当你想知道对方心里想的是什么的时候，你盯着对方的眼睛看就能知道，真的是这样吗？其实，与其看着对方的眼睛，不如看看他整个脸部。人的脸上有40多块肌肉，它们当中的大部分我们都无法有意识地掌控。这就是说，你的面部表情会无意识地流露出许多信息，但是，许多人却无法正确分析这些流露出的信息。

我们每个人都有察觉他人情感的能力，能分辨出别人是高兴还是生气。但是，我们又常常忽视了一些信息，有些时候直到别人开始把心中的怒火发泄出来、爆发出来，才明白他原来是多么的怒火中烧！并且，有些时候我们会混淆一些面部表情，比如，把害怕的表情当成惊讶，把入神的表情当成悲伤。

有时候我们会同时产生两种情感,那么在这两种情感的转化过程中,就会有一个承接两种情感的阶段。比如,我们先是惊讶,然后我们又开始高兴,那么这之中就会呈现出又惊又喜的表情。当我们经历一种混杂的感情的时候,比如当我们坐过山车的时候,我们会既兴奋又害怕,我们会在无意识中表现出我们想要隐藏的感情,与此同时,我们会有意识地假装出自己想要伪装的感情。还有些时候,一个人的面部表情不仅仅会配合我们的谈话场景和谈话内容,还会用来评价我们的其他表情。比如,当你感到紧张的时候,你很可能会挤出一个假笑。

事实上,观察一个人无意识的表情,不仅能够知道他此时此刻的情感,还能够知道他即将会产生的情感。这是因为,肌肉的反应比思维的反应更快。利用这一点,你可以在对方尚未感觉到他的感情之前,先他一步做出应对措施。比如,当你发现一个人即将发怒的时候,你可以提前帮助他控制愤怒情感的爆发,这比起他发怒后你手足无措要好得多。

综上所述,我们在与人交往的过程中要注意对方的感情,无意识的表情是我们可以参考的一项重要指标。当然,在你通过他人的面部表情识破了对方的内心的时候,最好是让你所观察到的情感决定你下一步以什么样的方式来和他沟通,而不是直接面对它,因为你看穿的很可能是他的个人隐私。

轻微表情、局部表情与微表情

一个人的面部表情主要包括三种：轻微表情、局部表情与微表情，下面就让我们来逐个认识这三种表情。

1. 轻微表情

轻微表情是整个面部肌肉都轻微地、强度不大地参与整个面部表情的构成。每一块肌肉都形成了表情的一部分，但是每一块肌肉的变化都不是很明显。轻微的表情说明情感较弱，比如，有的情感本身可能比较强烈，但是当这种情感刚刚开始的时候，它可能比较弱；有的情感在刚开始的时候可能比较强烈，但是它正在慢慢地消退。轻微表情的产生还有另外一种情况，就是当一个人想要极力掩盖他强烈的感情却没有成功所留下来的痕迹。比如，当我们看一些选秀节目的时候，被淘汰的选手面对镜头时会努力掩盖自己失落的情绪。

2. 局部表情

局部表情是指只运用一两块肌肉来构成表情。局部表情有时候可能是轻微的，有时候可能是强烈的。在大多数时候，局部表情是轻微的，这意味着，也许感情本来就是轻微的，也许感情正处在削弱期，也许意味着没能隐藏好某种强烈的情感。

3. 微表情

微表情是一种稍纵即逝但是能够很明了地表现出一个人的感情的表情。微表情出现的时间极短，可能只有半秒钟就消失不见了，而且很少人会有意识地观察一个人的微表情。我们常常会打断自己的微表情，比如，当我们意识到自己正在感到害怕的时候，我们会用别的表情来代替一晃而过的微表情。想通过微表情来看穿对方的心思其实并不是难事，一个人只要稍加训练就能捕捉到微表情。

以上就是面部表情的三个种类。在你与人交往的过程中，不妨有意识地留心他人的这三种面部表情，你一定能读透他的内心。

7种全球通用的表情模式

美国著名心理专家保罗·艾克曼研究了不同的精神状态对人的影响，以及这种精神状态是怎样反映到人的身体和脸上的。他发现有七种情感表达方式是全球通用的，这七种情感表达方式是：惊讶、悲伤、愤怒、恐惧、厌恶、轻蔑以及快乐。

1. 惊讶

惊讶是一个人持续时间最短的表情。人们在吃惊或有防备的时候，会把眼睛睁得特别大，并且巩膜（眼白）会露出在虹膜（眼睛中有颜色的部分）之上。再加上一些面部表情，例如，眉毛会抬起且向上弯曲，下颌下垂，双唇分开，年纪大的人的前额还会出现许多皱纹。在你看到这些现象后，就可以完全肯定，这个人正处于震惊之中。

2. 悲伤

和惊讶相反，悲伤是一个人持续时间最长的情感。很多事情都可以让我们感到悲伤，比如，当我们要和心爱的人分别的时候，当我们因为自己的失误而丢掉了一份宝贵的工作的时候，都会产生悲伤的情感。悲伤还具有社会功能，当你的面部表情表现出悲伤的时候，你会得到别人的安慰、帮助、鼓励等。而社会规则让男人不敢轻易表现自己的悲伤，他们总是强颜欢笑，但是表情不会骗人，强颜欢笑是很难掩盖的。悲伤的一大特点是脸部肌肉松弛，眉毛里端收缩或扬起，上眼皮里端抬起，形成三角形，下眼皮也可能会受到影响，变得紧张，嘴角会向下撇。

3. 愤怒

我们常常因为某件事或者某个人阻止了我们想做某件事的想法而愤怒，有时候我们也会对自己感到生气，当别人不赞成我们的想法时，我们也会愤怒。愤怒是一种危险的情感，常常伴随着我们想要伤害别人的冲动。当然，愤怒也有一定的好处，它可以成为我们改变某件事情的动力。当一个人愤怒的时候，他的眉毛会收缩或者下垂，两眉间有皱纹，但是前额不会有皱纹。从嘴巴上来看，双唇紧闭也是愤怒的一个信号。当某个人因为愤怒而直接盯着另一个人，显示出紧张的眼部状态时，他的上下眼皮也会很紧张，眼睛眯成一条缝。他用眼睛盯着别人，用以宣泄内心的感受，甚至达到吓唬对方、威胁对方的目的。

4. 恐惧

对我们的心理或者身体产生伤害的事情都会让我们产生恐惧的情感。从生物意义上来讲，恐惧能让我们迅速逃离危险。此时，人的眼睛会直愣愣地大睁着，好像要把那预示着迫近危险的最细微的动作都看个一清二楚。在这种状态下，发出动作者的下眼皮会很紧张。但同吃惊的情绪不同的是，感到恐惧的人的面部表情有明显差异，他们的眉毛抬起并锁在一起，嘴巴紧张而且向后缩。

5. 厌恶

你知道厌恶的表情是什么样子的吗？不妨进行这样的想象，你需要准备两样东西，一个玻璃杯，一口口水。现在想象你吐一口口水到玻璃杯里面，然后喝下去。这样的想象很可能会让你露出厌恶的表情。厌恶是一种非常强烈的情感，也是一种非常明显的表情。厌恶的表情很少会用到眉毛和前额，只是用到脸的下半部分，所以厌恶也是一种很容易假装的表情。判断一个人的厌恶是真是假，可以观察他的鼻子，如果鼻梁上出现了皱纹，就表示他真的产生了厌恶之情。

6. 轻蔑

轻蔑和厌恶密切相关，但是我们不会对事物产生轻蔑之情，只会对人产生轻蔑。我们通常想让那些轻蔑我们的人感受到我们自身的优越感。当一个男人有轻蔑的情感的时候，他的嘴角会拉紧并且上扬，形成一个带点邪气的微笑，鼻子可能还会发出"噗"的声音，眼睛还会往下看。

7. 快乐

什么东西会让我们感受到快乐呢？美丽的鸟儿、孩子的笑声、花朵的芳香，都会让快乐之感油然而生。而人们似乎更多地通过声音来表现快乐，比如快乐地大叫、快乐地笑，脸部变化则不那么明显。真笑和假笑之间有着明显的区别。真笑时，会有两块主要的肌肉被用到，即颧骨肌和轮匝肌，颧骨肌把嘴巴仰起来，轮匝肌让眼睛周围变得紧张。当假笑的时候，轮匝肌是不会被用到的。因此，我们在形容某个人假笑的时候常常说："他的嘴在笑，但是眼睛却没有笑。"

第四章
不同的感官创造不同的思维方式

感官记忆在思考中既负责回忆，
也参与创建

想象你身处一个充满异国情调的热带岛屿，右手端着一杯热带水果鸡尾酒，正赤脚信步走在美丽的海滩上。原本银白色的沙滩，在夕阳的余晖下泛起迷人的金光。温热的细沙顽皮地钻进你的趾缝，有点痒，却又很舒服。微风拂身，空气里弥漫着海水的咸味和一股椰子的香味。你一边听海浪拍打在岸上的声音，伴随着棕榈树摇曳发出的沙沙声，一边啜饮着沁凉的鸡尾酒，慵懒地望向海面，一只海鸥在远处掠过水面，冲向天空，发出一声清亮的叫声。

继续随意地四处打量，你发现前面有一个银白色的贝壳，走过去把它拾起来，轻轻地用手指摩挲它表面有趣的纹理。这时，离沙滩不远的露天餐厅里已经开始飘出阵阵食物的香味，人们一边用餐，一边低语，仿佛不愿意破坏黄昏的宁静。你忽然察觉到自己已经饥肠辘辘了，脚步不由得折向餐厅……

如果你心无杂念，沉浸在对上面这个情境的想象中，你一定会觉得真的听到了海浪拍打沙滩的声音、棕榈树发出的沙沙声和海鸥的叫声,也会感受到沙子钻进脚趾间、微风的清凉、鸡尾酒的沁凉,还会闻到空气中海水的咸味和椰子的香味。而在最后,你的嘴里恐怕还涌出了很多口水。

不论你以前有没有在海滩漫步的真实经历,那些感受都一定会发生。因为它们不仅能来自你的记忆,还能通过创建产生。当我们思考时,通常会启动两种不同过程中的一种——要么回忆起以前曾经有过的想法,要么创建出从未有过的新想法。不论是哪一种过程,我们的感官记忆都会在思考中扮演重要的角色。

我们的听觉、视觉、感觉、味觉、嗅觉和平衡感不仅对探索周围环境非常重要,而且也会被用来进行思考与感官体验无关的事物。我们会运用不同的感官记忆和体验来思考。如果我们回忆起以前的事情,比如一次愉快的度假,我们的脑海中就会浮现出生动的场景,想象出我们当时听到的声音,甚至闻到的气味,等等。当我们回忆时,我们再现了以前的感官记忆。然而,感官记忆对创建新的想法也很重要。

以上面的情境想象为例,为了在头脑中创建那个情境,你的大脑会从其他类似的回忆中选取并拼凑相关的片段。例如,你曾经用手摸过贝壳,你就会知道贝壳摸起来的感觉如何;你曾经喝过鸡尾酒,你也会知道它的味道如何。但是,如果你从来没有在黄昏时分漫步海滩的经历,没有类似的记忆可供调取,那么你的大脑就会用你从别人的照片、电影中看到过的画面来帮助你再现场景。也就是说,你的大脑在脑海中创建了一个新的经历,而这个经历会变得就像你亲身经历过的一样。

事实上,我们在思考时总是以某种方式运用感官记忆,就像你刚才在脑海中创建那个在黄昏时分的海滩漫步的情境时所做的那样。更多的时候，我们会运用这些感官去探索外在的环境。从内在的（在脑海中）到外在的（探索周围环境），我们不断地转换运用感官的方式。我们越是专注于别人对我们说的话或者正在阅读的内容，就越是在内在地运用感官。举个例子，此时此刻，你肯定不知道右脚是什么姿势。也就是说，直到你被提醒以后，你才会有意识地想道：右脚？噢，我确实有右脚，那它在干什么呢？然后你就会看看右脚正处于什么位置和什么状态。

不同的感官创造不同的思维方式

上文那个黄昏时分海滩漫步的情境想象可以说明，人类的大脑并不能很好地区分内在与外在的感官运用。也就是说，大脑不能够区分实际发生的情况和幻想的情况，这也是臆想症产生的生理基础。出现这种情况的原因是，不论在哪一种情况下，我们的大脑都有相同的区域被激活了。

人类的大脑包括左、右两个半球及脑干，它是人体的神经中枢，指挥着人体的一切生理活动，如脏器的活动、肢体的运动、感觉的产生、机体的协调以及说话、识字、思维等。科学研究证明，大脑的特定功能源于大脑的某一区域，大脑也由此被划分为不同的区域，如视觉区、感觉区、记忆区、语言区、识字区、运动区和联合思维区等。

在大脑活动中，运用不同的感官记忆对我们从外界收集到的信息进行转换，会激活特定的大脑区域，使我们关注到不同的重点,从而导致我们产生不同的思考方式,并以不同的方式进行人际交流。

在20世纪70年代末,心理学学生理查德·班德勒和语言学学生约翰·格林德提出了一个EAC模型,即眼睛解读线索。这个模型对不同的感官和思维方式之间的关系进行了有效研究,这个模型认为:

眼睛向上方看,表示大脑的视觉区域正在被激活,这被称为视觉记忆;向右上方看,是在创建图像;向左上方看,则是在回忆图像。

眼睛平视,意味着大脑的听觉区域正在被激活,这被称为听觉记忆;朝左看,是在回忆声音;朝右看,则是在创造新的想法,比如你在想象别人会对你说什么。

眼睛朝右下方看,表明大脑的感觉区域和情感区域被激活,这被称为动觉记忆。不过,这时候并不能区分出人们究竟是在记忆还是在创建。

眼睛朝左下方看,说明大脑的联合思维区域被激活,正在进行逻辑思维,这被心理学家称为中立阶层。

现在,我们可以来测试一下EAC模型的有效性:

眼睛盯着左上方的某个点,在大脑里浮现出某一幅你喜爱的名画,如列宾的《伏尔加河上的纤夫》、达·芬奇的《蒙娜丽莎》《最后的晚餐》,当然也可以是别的你喜欢的画作。那幅画你肯定已经看过很多次了,尽管你不一定特别关注过它。尽量想出这幅画的很多细节,比如,人物的脸、衣服、背景、画面的整体颜色,等等。

给自己20～30秒钟来做这个测试。

做完后,把画面从你的脑海里删除,然后眼睛朝右下方看,重复以上的过程，尽力想象刚才那幅画的画面。你的脑海里还可以很容易地形成图像吗？

尽管之前你成功地做了一次，但是这次眼睛向右下方看时，想象画面却变得有些困难了。这是因为你大脑中的视觉区域不再被激活了。换句话说，眼睛朝右下方看不能调动视觉记忆，只有在朝左上方看时才能调动视觉记忆。

如果你问一个朋友"你的假期过得怎么样"，并注意观察他的眼睛，你会发现他的眼睛先是往左上方看，接着又迅速地往右下方看。这就表明他大脑中的思维过程是先回忆他的假期看起来怎样，然后通过回忆感觉来确定对假期的记忆。这正好说明不同的感官创造了不同的思维方式。

扫码获取
☑ 对话·AI鉴心师
☑ 聆听·智慧之声
☑ 解构·人格心理学
☑ 了解·情商智慧课

第五章

如何判断对方的主导感官

观察眼睛运动方向判断被激活的感官记忆

我们在前面介绍过，大脑里的不同区域被激活时，会导致眼睛以不同的方式运动，同时也介绍了EAC模型。现在，我们运用它来判断他人的感官记忆类型。这个模型强调了感官记忆在思维过程中的重要地位，认为可以通过观察人们的眼睛活动来判断哪一种感官记忆正在被激活。

再次复习一下EAC模型的内容：

眼睛向左上方看，表示他正在回忆图像；

眼睛向右上方看，表示他正在脑海中创建新的图像；

眼睛朝左看，表示他在回忆一些声音，比如别人曾经对他说了些什么；

眼睛朝右看，表示他正在创造新的想法，比如想象别人会对他说什么；

眼睛朝右下方看，表示他调动了身体感觉和情感，比如在某个情境中的感受；

眼睛朝左下方看，表示他在考虑逻辑问题，或者在推理。

为了确保EAC模型真的适用于对方，你可以先询问对方一些对照问题（见下面的例子），促使他们调动相应的感官记忆，然后观察他们在回答问题时的眼睛活动。

1. 考查视觉记忆的问题

（1）你奶奶家里的窗帘是什么颜色的？

（2）描述一下电视上刚出生的那个婴儿长什么样子？

（3）公园里的假山是什么形状的？

…………

2. 考查视觉创建的问题

（1）橱窗里那件金色礼服穿在你身上会是什么样子？

（2）把那个图案旋转270度会是什么效果呢？

（3）想象一下在你客厅的电视墙上画一幅山水画作为壁画，会怎么样？

…………

3. 考查听觉记忆的问题

（1）你记得他走的时候说了什么吗？

（2）《非诚勿扰2》的片尾曲开头是怎么唱的？

（3）你用哪首歌做手机铃声？

…………

4. 考查听觉创建的问题

（1）那个音符提高一个八度，唱起来会怎样？

（2）刘德华的声音在水底下听起来会怎样？

（3）如果让你给蜡笔小新配音，你觉得如何？

…………

5. 考查动觉记忆的问题

（1）去年这个时候，好像已经很热了，你还有印象吗？

（2）那个店总是弥漫着一股很好闻的味道，像是栀子花的香味，你还有印象吗？

（3）去年上市的那款冰激凌味道很棒，椰子味混合着香草味，你还记得吗？

....

6. 考查是不是中立阶层的问题

（1）你有自言自语的习惯吗？

（2）你遇到困难时，是自己鼓励自己吗？那时候你会对自己说些什么呢？

....

当你需要了解别人时，可以通过上面6类问题进行提问，然后运用EAC模型判断出对方哪个感官记忆被激活。虽然EAC模型的正确性引发了很多争论，但是更多的应用情况表明，它在多数情况下都是一种非常有效的模型。

运用EAC模型进行判断时，大部分人都适用。但毕竟"模型"只是一个简化和概括，不可避免地会存在一些例外。例如，有些人的眼睛运动和所提示的感官记忆会完全相反。如果在询问了一些对照问题之后，你发现对方眼睛的活动并不符合EAC模型，那就不要运用这个模型。任何一个不符合这一模型的人，总是有他们自己的模式，只要提一些对照问题，就可以很容易发现这些模式。

主导感官决定我们喜欢使用哪种词汇

你一定没有意识到自己在使用词汇时存在某种偏好，而别人和你一样，也有很喜欢使用的词汇。这就为我们发现别人喜欢运用哪种感官记忆提供了另一种途径——听他们说话。人们的话语往往包含了各种各样的判断、描述行为的词汇以及比喻。人们对感官记忆的偏好，会决定他们喜欢的词汇和表达方式。

1.视觉词汇及其表达

有视觉记忆偏好的人总是偏爱"光""看""瞅""瞧""观察""看见""预见""洞悉""洞见""显现""描绘""呈现""揭露""展示""画面""肖像""景象""闪闪发光""澄清""多姿多彩"等用到眼睛的词汇，他们认为这些词会使自己的语言形象生动。

这类人更倾向使用这样的表达：

（1）我想要见你。

（2）我明白你的想法。

（3）我需要更仔细地观察。

（4）能不能把你的意思用图表示出来呢？

（5）这个项目的前景看起来很光明。

（6）几年后你看到这个肯定还会笑出声来。

（7）这样会使你的画作更增光添彩了。

（8）清澈的湖面泛起的阵阵涟漪，让我想起了你的画。

2.听觉词汇及其表达

有听觉记忆偏好的人会使用各种不同的听觉词汇，例如："问""说""听""声音""大声""单调""沉闷""节奏""语音""聋""响""沉默""刺耳""悦耳""告诉""讨论""评论""听得见""倾听""尖叫""听众""听从""听候""听话""听会""听讲""听来""听凭"等与耳朵和口有关的词语。

他们更喜欢用这样的表达方式：

（1）先听我说完。

（2）你的话听起来挺有道理的。

（3）能跟我说说你的想法吗？

（4）他们俩的声音听起来很像。

（5）你慢慢说。

（6）一个字一个字地说。

（7）我从来没有听说过这种事。

（8）我来给大家讲个笑话。

（9）我们也可以说……

3. 动觉词汇及其表达

有动觉记忆偏好的人，包括由触觉或情感触发记忆的人，以及那些喜欢运用味觉或嗅觉的人，他们喜欢用这样一些词汇："身心""酸的""甜的""苦的""辣的""咸的""接触""抚摸""触摸""温暖""冰冷""疼痛""紧张""切实的""沉重的""轻松的""平静的""平滑的""粗糙的"等和感觉感受有关的词语。

他们倾向于使用这样的表达：

（1）你不妨尝试一下。

（2）好香啊。

（3）我心里好疼啊。

（4）我抓到它了。

（5）它最终还是陷下去了。

（6）放松身体。

（7）抚摸着一只猫。

（8）这才只是接触到了问题的表面。

（9）这种关系基于一个很坚实的基础。

（10）她很甜美。

4. 中立词汇及其表达

前面提到的中立阶层总是喜欢用那些与感官无关的词汇，

例如："思考""逻辑""决心""决定""知道""理解""记住""估计""警惕""警醒""激励""励志""学习""接受""改变""放弃""过程"等看起来毫无感情色彩的词语。

这类人说的话听起来或多或少像一篇论文，他们的表达方式都是以略带冰冷的严谨为基调。不过，最令他人感到尴尬的是，虽然他们说话时努力避免自己被误解，但他们却是最容易被误解的一群人。这是因为人们通常都是以不同的感官记忆来解读外界事物，而中立阶层却几乎不使用与感官记忆有关的词汇，这使得他们的话语听起来非常抽象、难以理解。不同的听者会以自己的感官记忆来自由地解读，因此造成了许多种不同的理解结果。毕竟，通过自己能直接看到、听到或感觉到的事物来和抽象的事物做参照，谈话才会变得更容易理解，交流也才会更畅通。

此外，人们的主导感官不仅会影响词汇的使用，还会影响对事物的关注方向。例如，上面提到的四种人刚刚看了同一场音乐剧，如果你问他们对音乐剧的感觉，他们的回答可能是下面这样的：

"他们把剧中所有的歌都重新演绎，配乐也加入了很多现代元素，真令人激动，这是一出不错的音乐剧，不过我不明白为什么他们表演时要那么声嘶力竭？"

"我看得不大清楚，但这确实是一场不错的音乐展示，尤其是高潮部分，表演得太成功了，我看到了一个闪亮动人的画面。"

"我觉得剧场里面虽然拥挤但也很温暖，至于音乐，那给了我很深的触动。"

"这场音乐剧立意新颖，主旨很贴合时代……"

你能从中判断出说话的人各是什么感官记忆类型吗？

没错，说这些话的人依次是听觉记忆偏好者、视觉记忆偏好者、动觉记忆偏好者和中立者。

开放式提问和言行节奏，告诉你对方的思维模式

很多时候，我们遇到的人都比较复杂，有的人会不同程度地使用各类感官词汇，而有的人实在深不可测。这使得我们很难单凭EAC模型或者对方讲话所使用的词汇就判断对方的主导感官。这时，你可以使用下面两种方法。

1. 开放式询问问题

在我们面对陌生人时，不能随意使用前面那六类对照问题，为了找到方向，不妨找一些简单但又不那么具体的问题进行提问，例如："你希望我以什么样的方式向你介绍呢？""你觉得这个闻起来怎么样？"这些简单的问题不同于前面介绍的那六类对照问题，它们简单、泛指，但能够为你了解对方更喜欢哪一种感官记忆提供有用的答案，因为它们更具开放性。

对于开放式问题，有的人会告诉你他想说什么；有的人会要求把他想说的写下来，并附上一些图表给你看；还有的人会告诉你，最重要的事情就是让他们感觉良好，以便让他们信任你。

一旦你发现对方喜欢运用哪一种感官记忆，你就能在相当程度上了解他是怎么思考的，他喜欢用什么样的方式进行交流，以及他会认为哪些事情很重要，哪些事情无关紧要。

2. 观察对方的言行节奏

除了开放式提问，你还可以观察他人的讲话节奏和肢体动

作节奏,以此来判断他们的主导感官。即使还没有和他们对视或交谈,也可以这么做。视觉记忆偏好者的言行节奏通常很快,动觉记忆偏好者的言行节奏则很慢,听觉记忆偏好者的言行节奏则不快不慢。反之亦然:如果你知道对方的主导感官是什么,就会了解他们的呼吸、讲话和行为的节奏,这有助于你提高对他人言行方式的接受程度。

对这种观察方式稍加练习后,你还可以模仿对方在思考时的眼睛运动,进而体会到对方正在想什么,还可以帮助你体会对方所听到或感受到的事物。这些都不是有意识去做的,而是在无意识中发生的,并且有助于增强你和对方之间的归属感和亲和力。

当你了解了对方的感官记忆偏好,你就会更好地理解他想向你表达什么。而通过把自己的语言调整成对方的语言,你也能更清楚地表达自己的想法,让对方更好地理解你,避免产生任何误会。更重要的是,如果你能用对方的方式表达自己的想法,谈论对方感兴趣的话题,这不仅向对方表明了你和他的思维方式相似,而且有助于你深刻地理解对方思维建立的过程。

行为特征是主导感官作用的综合表现

人们的行为方式受到所有感官的综合作用。由于主导感官的不同,我们看到每个人都有自己独特的行为特征,研究这些行为特征可以为大多数人提供参照。

1. 视觉记忆偏好者的行为特征

喜欢运用视觉记忆的人，最关心事物看起来怎么样，尤其是他们自己看起来怎么样。由于他们对颜色、形状和光线非常敏感，因此对他们来说，图像比语言文字传达信息更快。在说话时，他们的语速总是很快，并经常以清晰有力的声音来表达。这种快节奏的语速会导致他们呼吸加快、胸部起伏，因为他们在说话时几乎没有时间休息停顿。而他们的肢体语言也会随着说话的急促节奏变得同样急促，就连走路时也不自觉地加快脚步。前面介绍过，视觉记忆是被眼睛朝左上方看激活的。例如，在听这类人的演讲时，你会看到尽管他们也经常保持着与听众的眼神交流，但眼睛总是时不时地朝左上方看；当一个视觉记忆强烈的孩子在回答问题时，也会不自觉地盯着左上方的天花板，如果老师说"答案可不在天花板上"，并强迫他们直视前方，他们甚至会无法回答问题。

2. 听觉记忆偏好者的行为特征

喜欢运用听觉记忆的人，言行节奏都比较慢。他们使用横膈膜呼吸，并以悦耳、有节奏、富于变化的声音讲话。相对于视觉记忆偏好者来说，通过听觉来收集信息要比通过视觉慢得多，所以听觉记忆偏好者的思考速度比具有强烈视觉记忆的人慢，而他们的语速与思考速度总是能保持一致，手势则通常围绕着身体中段。这类人通常处于一种放松的状态，其注意力会随着关注点的移动而移动。他们常常在思考的时候歪着脑袋，就好像在倾听别人谈话一样。使用听觉记忆的人很容易被其他噪声分散注意力。如果你和一位以听觉记忆为主导感官的人谈话，就会发现他常常分神。如果在他倒水的时候跟他说话，他常常会不留神把水弄洒。

3. 动觉记忆偏好者的行为特征

喜欢运用动觉记忆的人总是能轻而易举地说出他们对某件事物的感觉如何（不论是内在的还是外在的）。他们把关注点放在自己对事物的感受上，比如，座位坐起来是否舒服，工作服穿起来是否得体美观。动觉记忆偏好者的言行节奏通常很缓慢，他们用腹部呼吸，讲话时，声音要么缓慢、温柔而深沉，要么尖锐高亢。而在讲话之前，他们需要首先了解自己的感觉如何、正确与否，所以在重要讲话前，千万不能做任何影响他们感觉的事。偏好动觉记忆的人的肢体语言幅度通常很小，几乎只发生在腹部周围。对这类人来说，和别人进行交流时最重要的不是眼神接触，而是触碰。

4. 中立者的行为特征

目前还没有发现中立者具有哪些相应的行为特征。他们总是愿意使自己的言行看起来符合逻辑，因而显不出独特的地方。多数中立者看起来像动觉记忆偏好者，但他们又似乎不止于此。曾经有一个理论试图解释其中的联系：由于我们的动觉感官（身体的和情感的）是最先发展出来的感官，而抽象思考（中立感官）出现得比较晚，所以一些中立的人不得不从动觉记忆开始。他们早年间在情感上受到的伤害，会导致他们把自己的情感封锁在抽象严谨的逻辑推导这堵墙后面。这个理论也许能帮助我们理解他们，但不能帮助我们进行判断。对这类人，还需要使用本书中其他的读心方式。

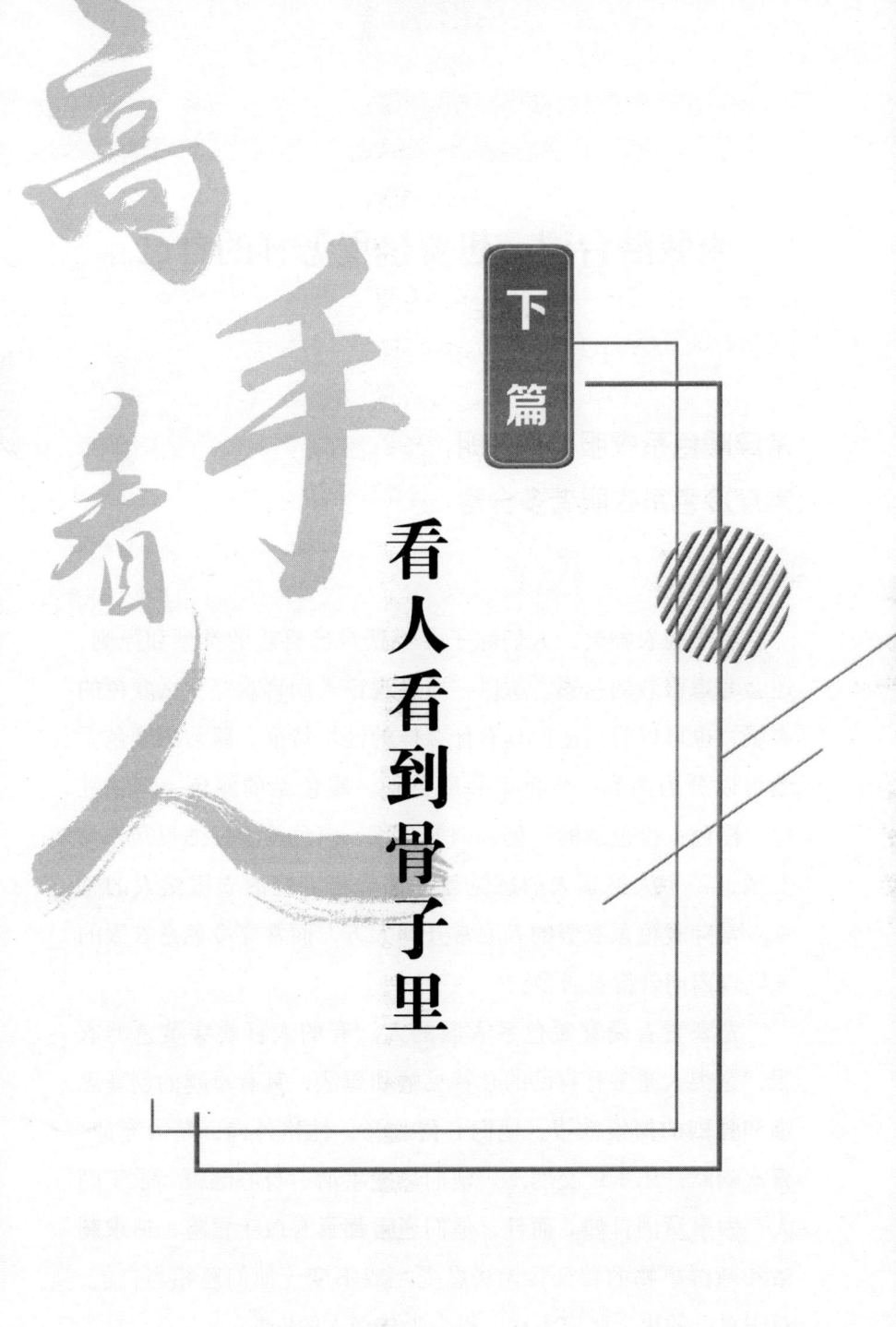

下篇

看人看到骨子里

第一章

服装潜台词：想要呈现怎样的自己

常穿暖色系衣服者多开朗，
常穿冷色系衣服者多含蓄

在选购衣物时，人们除了会遵循自己喜欢的类型和原则，还会考虑服装的色彩。所以，通过观察人们喜欢穿什么颜色的衣服，也可以看出他们具有什么样的性格特征。服装的颜色大致可以分为两类：暖色系和冷色系。暖色系的颜色，例如红色、橙色；冷色系的颜色，例如蓝色、白色等。仔细观察你会发现，一个人给别人的感觉就好像他身上穿的衣服给人的感觉。常穿暖色系衣服的人通常开朗大方，而常穿冷色系衣服的人则以内向含蓄者居多。

先来看看爱穿暖色系衣服的人。有的人喜欢穿黄色的衣服，这类人通常有自己的独特见解和想法，具有卓越的创新思维和强烈的探索欲望。他们心情欢畅，性格外向，精力充沛，喜欢幽默，乐于广交朋友。他们热爱生活，身心健康，乐于助人，做事潇洒自如。而且，他们通常都具有敢于冒险、追求刺激和新鲜事物的特征，无法忍受一成不变。他们还相当自信，对于自己的决定坚定不移，很少听从别人的安排。

有的人喜欢穿绿色衣服，这样的人性格外向、活泼，个性谦虚、平实，并且善于克制，不爱与人争论。他们很少心绪烦乱，也少有焦虑不安或忧愁的感觉，是真正乐观开朗的人。他们还具有宽大的胸怀，对于自己不喜欢的人也不会刻意排斥或疏远，是真正和善可亲的人。而且，这类人道德感强烈，个性爽直，是聊天的最佳人选。

有的人喜欢穿粉色衣服，选择此类衣服的人多是单纯天真的幻想家，喜欢做"白日梦"。他们的心境一般纯洁如白纸，而且比较感性，会因为一些完全与自己无关的事而生气或者开心。他们处世温和，希望在别人眼中呈现高贵的形象，常常想让自己呈现出年轻、有朝气的感觉。不过，他们有强烈逃避现实的倾向，总是喜欢沉溺于自己的幻想里。

再来看看爱穿冷色系衣服的人。有的人喜欢蓝色或者蓝紫色的衣服，他们的性格缺乏决断力和执行力。这类人平常待人虽温和，但自尊心强。他们说话比较啰唆，缺乏羞耻心和责任感，也不善于表露自己真实的情感。想和这样的人交往，最好不要在他们面前说别人的坏话，因为他们会假惺惺地附和，甚至可能反过来指责你。

有的人喜欢穿棕色衣服，这样的人自我价值观很强烈，很害怕因为外来因素的介入而改变自己的现状。他们的个性也很拘谨，对于人与人之间的利害关系分得很清楚，容易给别人一种冷漠的感觉，但其耿直的个性颇值得信赖。所以，他们是真正适合深交的朋友。

有的人喜欢穿黑色衣服。黑色象征着神秘和庄严，所以喜欢这类颜色衣服的人常常会给人留下神秘、高贵的印象。他们不太善于社会交际，常常不知道该怎么和人打交道。不过，和他们熟悉以后,你会发现他们是非常有趣的人。这类人性格通常温柔善良,忠厚老实,且具有宽容的气度。不过,他们的依赖心非常重,有时候看起来好像是个乐观的人,实际上是为了掩饰内心的不安和恐惧。不过,他们有坚持不懈的精神,无论干什么都不喜欢半途而废,任何事情都要彻底弄明白。

  有的人喜欢穿白色衣服。一般情况下,这样的人清廉洁白,是个现实主义者。他们常常会自以为是,对于自己喜欢从事的工作,则会勇往直前。不过,他们总会为自己的失误找出各种借口。他们没有什么话题可言,除重要的事情交涉外,关于酒色话题一般不参与谈论。为了维持自己的"白领"形象,他们无时无刻不在为工作做出努力,他们是上司眼里的精英、下属心中的"怪物"。由于他们的现实和对自己的严格要求,很少会得到异性的喜爱,因此他们大多缺乏爱情。白色的优点是与任何颜色都能搭配,所以,有时候他们也能给人一种亲切感,但都只是表面程度的亲切,内心还是很疏远的。

  有的人喜欢穿紫色衣服,这样的人性格内向,多愁善感,敏感多疑。他们通常具有不错的文化素质和涵养,往往以艺术工作者居多。而且,虽然他们常常焦虑不安,但往往能够驾驭和控制内心的忧虑和苦恼。不过,常穿紫色衣服的人又有些自视清高,对于不属于同一领域或和自己不是一个档次的人或事情,往往会表现出不屑的态度,容易让周围的人疏远他们。

喜欢华丽花哨服装的人
有较强的自我表现欲

人们的穿着虽然不会说话,但却可以传递出性格、爱好、身份等多方面的信息。比如,规规矩矩、一本正经的人,喜欢穿西服、系领带;穿黑色衣服的人,显得冷静、深沉;穿着艳丽的人,显得活泼可爱;自由随便的人,喜欢穿牛仔服、宽松式便装;歪戴帽子、敞胸怀、挽裤腿的人,性格粗犷,满不在乎;地位高的人,则穿着严肃端庄。所以,衣服可以反映人的性格。

比如,总是喜欢穿华美服饰的人,有强烈的自我显示欲。在大庭广众之中,你会发现某些人总是穿着引人注目的华美服饰,这种人大体上有强烈的自我显示欲。他们总是希望别人将目光投在自己身上,也希望自己时刻都有一副光彩照人的形象。所以他们自我显示欲强,并且爱出风头。同时,这样的人对金钱的欲望特别强烈,会想方设法地赚钱。因此,当你看到这类身着华丽服装的同事或其他人时,就能洞察他们的心理。如果你想得到他们的好感,可以多夸奖他们的服装服饰,满足其膨胀的表现欲,这样肯定会使他们对你好感倍增。

有的人追求名牌服饰,这类人通常晋升意识很强。现在有很多上班族对名牌服装、名牌包等趋之若鹜,宁愿吃泡面度日,也要省下钱来让自己拥有更多的名牌。同样,他们在选择工作时,最关心的是某个公司是不是世界五百强;在选择男女朋友的时候，最关心的是对方的家庭背景和学历高低。名牌大学、名牌公司和名牌服装一样，都是上流社会的标志，追求名牌则是想要跻身上流社会的一种表现。他们用各种名牌来包装自己，让自己看起来生活富裕而且很有品位。喜欢追求名牌的人在工作中通常也有很强的竞争意识，他们明白，用名牌来包装自己只是进入上流社会的第一步，关键还是工作表现。他们不满足于仅仅拥有光鲜的外表，永远不会安于现状，不甘落于人后，因此会拼命工作，争取早日晋升，从而获得更高的地位和经济条件。

有的人喜欢穿与众不同的衣服，他们喜欢以自我为中心、标新立异。这种人对于流行趋势毫不关心，只穿自己喜欢的衣服，其个性可以说是十分强硬。这种人认为，如果跟别人同调，会失去自我，所以他们坚决不与他人雷同。由于他们总是以自我为中心，故经常弄得大家不欢而散，因此人缘不是很好。并且，他们中的部分人不敢面对外面的花花世界，一味地把自己关在小天地里，认为这样很安全，还能彰显自己的特色。

有的人的穿衣风格不稳定，经常会突然改变服装嗜好。这样的人性格比较古怪，不喜欢与别人有过密的交往，对什么人都存有戒心。所以，对于这种突然改变自己服装喜好的人，若想与他们继续保持良好的关系，应当对他们的改变视而不见，或者赞美他们"穿什么都很不错"之类的话，相信如此一来，他们的心灵大门一定会向你敞开。而且，你承认他们"穿得不错"的态度，要比别人质疑的态度更让他们接受。这样，过不了多久，他们就会靠近你，与你交流、谈心，说他们改变服装的原因，从而增进你们之间的关系。

有的人只跟着潮流走，喜欢穿最流行的衣服。这种人完全不理会自己的喜好，甚至说不清楚自己真正喜欢什么。所以，他们以流行为喜好，向流行看齐，随波逐流，没有主见。他们不会自己做决定，只能看大家都在追捧什么，就跟随大家。其实，这种人在心底里常有一种孤独感，他们很无助，不知道自己想要什么。他们的情绪也经常波动，很容易开心，也会突然间情绪低落。所以，他们是经常有孤独感、情绪不稳定的人。

有的人恰恰相反，他们会冷静对待流行，不盲目追随潮流。但是，他们也不会因循守旧，而是会渐渐改变穿衣风格。这样的人情绪稳定，处事中庸，一般不会做什么越轨的事。因此，这种人比较可靠，值得结交。他们在工作的时候，也是稳重的领导者。

总之，不同的人会选择不同的服饰。只要我们用心观察，就可以通过一个人的穿着来判断他的性格。

领带的花纹显示出
"想要别人怎么看自己"

领带的作用类似于女人的丝巾，但男人的行事原则和人品秉性却可以完完全全地展现在领带花纹及打法上。仔细观察周围的男士，便会发现他们本性中的一些蛛丝马迹。

领带中最常见的要数条纹领带，例如深蓝色底白色斜条纹，喜欢系条纹领带的男人通常性格谨慎而保守，希望给人留下成熟、稳重、有能力的形象。刚刚走入社会的年轻人也常常违背自己的心意，选择这种朴素大方的条纹领带，让自己看起来"很可靠"。

另一种常见的领带样式是圆点花纹。系这种领带的男人通常是很好相处的好好先生，性格温和，但有时稍显懦弱，特别是做决定的时候常常优柔寡断，缺乏主见。

有时也会看见一些男人系着颜色花哨的领带，例如粉色系或红色系。他们很注重自己的风度和形象，希望打造出很有魅力和吸引力的形象。他们选择的领带不但颜色鲜艳，而且通常有特别的图案，例如动物、地图等，看上去十分亮眼。这也是他们希望通过领带来展现自己与众不同的品位。有些企业高管会刻意选择别致的领带，让自己和普通员工区别开来。

除了领带的花纹，从领带与衬衫的不同搭配方式也能看出一个人的性格。不同的颜色搭配给人以不同的视觉效果，这也正是一个人希望呈现给别人的形象。

系深蓝色领带搭配白色衬衫的男人事业心重。"蓝领"代表工人阶层，"白领"代表管理阶层，他们将两者融合到一起，上下兼顾，少年老成，同时不乏风度翩翩。由于白领的诱惑力远远超过蓝领，因此他们对薪资十分关注，事业心极重，在奋斗过程中常常表现出急功近利的色彩。

用多色领带搭配浅蓝色衬衫的男人不够专一。五彩缤纷是人们对美好事物的形容，充满了迷离和诱惑，普通人和勤奋的人往往对此敬而远之。所以，选择这种领带和衬衫的人带有一股市井气息，热衷于名利。路边的野花繁多美丽，常常使他们心猿意马，见异思迁的他们对爱情往往不能用情专一，追逐的目标总是换了一个又一个。

系黑色领带搭配白色衬衫的男人黑白分明。黑白分明是对阅历丰富之人的形容，所以喜欢这种打扮的人多为稳健老成之士。由于他们看得多，感悟也多，懂得什么是人生该追求的。另外，他们还善于明辨是非，相信"善有善报，恶有恶报"，正义在他们身上得到了最大程度的展现。

系黑色领带搭配灰色衬衫的男人内心忧郁。领带为黑色、衬衫为灰色的男人，不用看他们的表情如何，仅这身打扮就让人有种不舒畅的感觉。这种人一般都有很深的忧郁，而这份忧郁是由于气量狭小所致。他们选择这身打扮，正是为了掩盖这个缺点。

系红色领带搭配白色衬衫的男人热情开朗。红色象征火焰，代表奔放的热情，更是一种积极、主动的表现，所以，男人选择红色领带，就像追逐太阳的光辉，以使自己成为众人瞩目的焦点。他们本属于充满野心的类型，但白色代表纯洁，是和平与祥和的象征。白色衬衫让别人对他们刮目相看，人们既能见到他们如火一样的热情，又能感受到他们纯洁的心灵。

T恤上的文字和图案想要表达什么

当今，T恤已经成了夏日里最普遍而且最受欢迎的服装，男女老少皆宜。在过去，T恤只是用来保暖和吸汗的内衣，然而现在，它已演变成了一面公众告示牌，人们可以任意在上面留下或记录各种情绪和想法。所以，通过一个人所选择的T恤，往往能更直观地看出其性格特征。

习惯于选择没有花样的白色T恤的人，多是一些比较独立的人，他们不会轻易地向世俗潮流低头。他们一般都具有一定程度的叛逆性，但表现形式往往不是特别明显和恰当。

喜欢选择没有花样的彩色T恤的人，自我表现欲望并不是十分强烈，他们甚至可以甘于平庸，做一个默默无闻的人。他们多数比较内向，不喜欢张扬，而且富有同情心，在自己能力许可的范围内，会去关心和帮助他人。

喜欢在T恤上印有自己名字的人，思想多数是比较开放和时尚前卫的，能够轻松地接受一些新鲜的事物，他们对一些陈旧迂腐的老观念多持排斥的态度。他们的性格比较外向，喜欢结交朋友，为人比较真诚和热情，所以通常拥有良好的人际关系。他们的自信心较强，在不同的情况下，能够随机应变地制定应对策略。

喜欢T恤印有各种明星画像及与之相关东西的人，多属于追星族，他们对那些明星十分崇拜，并且希望自己有朝一日能像他们一样。他们很乐于向别人表达自己的这种心理。

喜欢在T恤衫上印上一段幽默标语的人，多具有一定的幽默感，而且很聪慧。另外，他们也具有很强的表现欲望，希望能够引起别人的注意。

喜欢穿印有学校名称或大企业标志T恤的人，一般比较希望他人知道自己的身份，并且对自己所在的单位和企业怀有一定的感情。他们希望能够以此为载体，吸引一些志同道合的人。

喜欢穿印有著名景点风景T恤的人，对旅游很有兴趣。他们的性格多是外向型的，对新鲜事物的接受能力很强，而且具有一定的冒险精神。他们的自我表现欲很强，希望把自己所知道的一切都传达给他人。

喜欢穿运动休闲鞋的女人警觉心强

很多女性爱穿高跟鞋，高跟鞋能让女人显得高挑美丽。然而，也有很多女性喜欢穿运动休闲鞋。喜欢运动休闲鞋的女人，表面上看来大而化之，容易相处，但实际上，她们非常会保护自己，警觉心很强。因此，一般朋友很难看出她究竟是怎样的人。不过，相处久了，就可以从她随和的外表下发现她内心的防卫。她可以很容易地和人打成一片，但却不会让别人真正深入自己的内心。其实，在坚强的防卫之下，她有着非常脆弱的情感。如果有谁能真正走入她的内心，就能和她成为很好的朋友。而且，她们外表看起来好像很容易和男性相处，实际上，她们都把这些男性当成同性朋友一般对待，反而对于心里喜欢的那一位，会保持距离、敬而远之。

喜欢厚底、前卫鞋的女人，外表看来作风大胆，内心其实相当保守。她们之所以打扮得与众不同，可能是对自己缺乏足够的信心，所以希望成为流行的一分子，让人注意到她们的存在。

喜欢学生鞋的女人，个性单纯敏感，容易压抑自己的情感。可能在年少的时候，父母管得比较紧，或是学校、工作场所风气较为保守，所以，她们平时言行比较内敛。但是，这样的女子其实内心渴望尝试一些冒险的经历，当条件成熟的时候，她们很可能做出让人意想不到的事。

喜欢高跟鞋的女人，个性成熟大方，喜欢思考，头脑聪明。在生活及工作上都相当尽责与努力，对周围的人和事物要求会比较高。然而，因为想要的东西太多，有时会因无法满足而脾气不佳。不过，这样的女子比较适合坦诚相待，如果她觉得你是一个值得交往的朋友，是不会故意摆架子刁难你的。

喜欢靴子的女人，爱好自由，不喜欢受拘束，勇于表现自己。一般来说，这种女子要么外表出众，要么相当聪明有能力，容易成为异性倾慕的对象。她们看起来比较难以接近，但事实上，她们外表冷漠、内心热情。

喜欢凉鞋的女人，喜欢展现自己美好的一面，她们的人缘不错，朋友也不少，对异性也很有兴趣。不过，她们的个性颇为固执，不易被说服，而且缺乏耐心。一旦觉得某个人不怎么样，就会迅速走人，懒得与其周旋。

总之，我们可以通过观察女性喜欢穿什么类型的鞋子，来判断她们的性格。

扫码获取
☑ 对话·AI鉴心师
☑ 聆听·智慧之声
☑ 解构·人格心理学
☑ 了解·情商智慧课

第二章
淡妆浓抹皆有玄机

从眼镜的样式解读
"希望改变自己的程度"

眼镜最初是用于矫正近视或保护眼睛的工具，但如今，它早已超出了其原本的使用范畴，成了具有多种功能且颇具装饰意义的大众用品。

眼镜的框架通常具有修饰脸型的作用，戴上眼镜的同时也就改变了自己原本的面貌。不同的镜框样式对脸型的修饰效果也不尽相同，从中可以大致推断出人们渴望改变自己的程度。

1. 无框眼镜

无框眼镜对脸部形象的改变不大，也就是说，戴无框眼镜的人对自己有相当程度的自信，不太重视装饰自己，对虚伪和做作的人不屑一顾。

2. 金属细框眼镜

虽然金属细框眼镜无法让形象有很大的改变，但能达到"中庸"的标准。男性戴金属细框眼镜通常会显得更为成熟稳重，他们希望别人看自己的时候，认为他们除了斯文，还有着学者的风范。这种人喜欢追赶潮流，给人一种很现代的感觉。

女性戴金属细框眼镜也会显得更加知性。有的女性，宁愿冒着给人留下死板印象的风险也要戴眼镜，只因为她们觉得自己戴上眼镜后看上去很知性。在她们看来，知性比女人味更重要，或者说知性是另一种别具韵味的女人味，至少在形象上要给人知性的感觉。

3. 粗框眼镜

最能改变形象的是塑胶框眼镜，例如冲击力十足的黑色粗框眼镜。和使用其他镜框的人比起来，戴粗框眼镜的人有强烈的"变身"欲望，他们大胆且乐于改变，愿意尝试新鲜事物。

除了镜框的样式之外，镜框的形状同样能反映出"想呈现的自己"。戴正圆形或方形眼镜的人很少，大多数人所戴眼镜的形状都是在正方与正圆之间的过渡形态，而趋近于圆或方的程度正可以反映人的性格特点。

（1）戴椭圆形眼镜的人性格随和，不喜欢走极端，偏爱温和的风格，总是与他人步调一致，从不会反对他人以贯彻自己的主张；也有人会因为面对不同的人而改变想法，不坚持自己的意见，显得优柔寡断。不过，也有可能是自我主张强烈、完全反对任何事的人，因为讨厌这样的自己，所以戴上让人感觉柔和的眼镜。

（2）现实生活中很少看到戴圆形眼镜的人，这类人非常容易引起他人注意，而且自以为是。由于对自身的独特性与原创性有强烈的意识，他们的喜好或价值观会有所偏颇，对于任何事都有独到的见解，有严格评断人或事物的倾向。

（3）对于戴方形眼镜的人而言，营造知性气质是非常重要的。他们对于知识性的事物满怀憧憬，性格一本正经且内向。其思考模式以符合正统为基准，对事物的看法倾向于"非黑即白"的二分法，容易被人形容成"一本正经""说一不二"。

不同的喜好反映出不同的心理状态，对眼镜的偏好也是人们性格特征的外在体现。

全身珠光宝气，是没有自信的表现

佩戴首饰不仅是修饰外貌的方式，还带有很强的自我表现意味。仔细观察就会发现，性格安静、内向的人与活泼外向的人选择的首饰类型会有明显差别，因为他们想在人前呈现出截然不同的两种气质。

1.全身珠光宝气的人缺乏自信

有的人喜欢佩戴闪耀光芒、引人注目的首饰，任何人看了都会觉得非常贵重。这类人通常自认为富有，并且喜欢夸耀自己属于上流社会。这种人多是争强好胜、力图向上的女性，她们追求金钱和权势，瞧不起贫穷、看起来弱势以及普通的人。她们十分重视经济方面的因素，会因为经济状况的改变而忧心忡忡，金钱可以使她们心绪安宁，带来安全感和满足感。其实，全身珠光宝气的人恰恰是缺乏自信的人，需要借助华丽的首饰来增强自信，隐藏虚弱、胆怯的一面。

而那些完全不戴首饰的人，或者饰品非常简单朴实的人，通常对自己的想法与生活方式十分坚定，不需要依赖首饰之类的饰品来展现自我，呈现出来的就是原本的自我。他们外表看起来或许有点保守拘谨，但其实不仅仅成熟稳重，内心也非常坚强。

2. 从首饰的偏好看性格

不同造型、质地的首饰能带给人不同的感受，也是人们表现自我的途径。从一个人对首饰的偏好，可以看出其性格。

喜欢戴手镯的人，多数精力充沛，富有朝气和活力。他们大多比较聪明且有智慧，还具备某一方面的特长。他们是有追求、有理想的一群人，在绝大多数时候都清楚自己想要什么，并且会主动追求，即使在感到迷茫时也不会轻言放弃，而是在行动过程中不断探索。

讲究衣着、重视整体搭配的人，常常会戴一枚小小的胸针。这样的人相当重视自己在他人心中的形象。他们在为人处世方面处处小心谨慎，不会贸然做出某种决定。他们有一定疑心，不会轻易相信某一个人，即使是对非常要好的朋友，也会有所保留。他们希望自己能够引起别人的注意，但又总是习惯用谦虚的态度来掩饰这种心理。

喜欢佩戴体积大、坠饰多、灿烂醒目的珠宝的人，多是爱表现自己、爱出风头的人。无论他们走到哪里，总会成为众人关注的焦点。他们比较热情，而且这种情绪还会感染其他人。他们比较积极和乐观，爱幻想。

喜欢佩戴体积小、不太打眼的珠宝首饰的人，多为谦虚且稳重的人。他们的内心大多十分平静，在任何事情面前都能保持顺其自然的心态。他们一般不太希望引起他人的注意，觉得随性自然一些反倒更好。

选择具有浓厚民族风格首饰的人，一般来说个性相当鲜明，他们总是有自己独特的思维和见解。

3. 首饰暗示你希望别人注意的部位

首饰和服装都是身体语言的道具，但与服装不同的是，首饰是可有可无的装饰品。没有首饰并不要紧，如果添加首饰配件，则是希望增添魅力的表现。首饰具有吸引视线的作用，人们会自然而然地将视线落在对方佩戴首饰的部位。佩戴首饰的部位，通常是自己最喜欢的部位、最珍惜的部位，或是最希望对方能看见的地方。

如果胸前佩戴着项链坠子，下意识的想法就是希望男性将目光落在自己胸前，如果想让人注意耳朵就戴耳环，想让人注意手部就戴戒指。除非关系比较亲密，否则男性不可直接盯着女性的身体看，但注视着饰物就不会显得那么不自然。在这类女性面前的男性，最好能称赞首饰，女性会因为对方注意到这些细节而感到高兴，两人的关系也一定会拉近许多。

从唇彩的颜色看女性的性格和职业

中国有句古话："女人心，海底针。"这句话的意思非常简单，即女人的心理很难揣测。但是，近来心理学家通过"投射"方式发现，很多女性会无意识地将自己的心理特征"投射"到日常生活用品上，尤其是一些化妆品上。

就拿唇彩来说，现在全世界几乎有一半的女性每天都会使用唇彩。对于那些习惯每天用唇彩的女性来说，如果某一天忽然不让她们用唇彩，她们就会觉得如同没穿好衣服一样别扭。唇彩作为女性增添自身魅力的手段之一，其颜色种类可谓五花八门，既有红色、粉色、橙色，还有珍珠色、紫色等。通过观察一个女性对唇彩颜色的喜好，往往就能了解她的性格特征和职业。

1. 红色唇彩

红色会使女性的嘴唇显得更为突出。所以，如果一个女性喜欢红色的唇彩，这表明她性格外向、活泼好动、乐观且崇尚自由。她的社交能力非常强，对人真诚有礼，喜欢与人分享美好的事物，所以，其人际关系处理得非常好，朋友很多。通常情况下，涂抹这种唇彩的女性往往从事销售、公关，或是美容、美发等行业。

2. 粉色唇彩

粉红是一种代表纯情和女性本色美的颜色。所以，很多女孩子在与男孩第一次约会时，最喜欢使用此种颜色的唇彩。通常情况下，如果一个女性喜欢使用此种颜色的唇彩，这表明她性格较为温柔、和善，思想较为单纯，富有同情心和爱心。然而，她的心理承受能力较弱，在挫折和失败面前常常会表现出很委屈、很受伤的样子。她很信任爱情，对恋爱抱有很大的期待。虽然她平时表现得温柔贤淑，但一旦知道冒险的乐趣，很可能会做出大胆的改变。在与人交往时，她可能显得有点矜持，但其内心却是火热的。一旦你成了她的朋友，往往会得到她无微不至的关怀。一般来说，涂抹这种颜色唇彩的女性往往从事教师、医生等职业。

3. 橙色唇彩

橙色往往能给人亲切、温柔、温馨的感觉。因此，喜欢这种颜色唇彩的女性，性格较为稳重、和蔼，具有较强的自我控制能力和判断力。无论是对人还是对事，她都有自己的观点和看法，从不会人云亦云。她的口才较好，但不会强词夺理，喜欢以理服人，同时，她还具有较强的幽默感。在爱情方面，她往往愿意为对方付出自己的一切，是典型的贤妻良母型女性，她坚信"爱情的眼里容不得半粒沙子"。一旦恋人背叛了自己，她极有可能会报复对方。不过，她对朋友非常坦荡和大度，如果朋友不小心伤害了她，她往往会一笑而过。所以，她的人缘很不错。通常情况下，涂抹这种颜色唇彩的女性往往从事各种商业活动，如一些店铺的老板，或是大公司的高级职员。

4. 珍珠色唇彩

珍珠色是一种代表纯洁、高洁的颜色。喜欢珍珠色唇彩的女性，性格文静、庄重，聪颖谨慎，心思细腻且追求完美。她具有较强的个性，自我主张非常明确，从不掩饰自己的追求和欲望，喜欢自由地享受生活。一旦她确定了自己的追求目标，就会全力以赴，从不在乎别人的眼光。在爱情方面，她不喜欢受到对方的约束，要求对方尊重自己的个人空间。在与人交往时，她既不喜欢别人干预自己的事情，也不会干预对方的事。通常情况下，涂抹这种颜色唇彩的女性往往是一些自由职业者。

5. 紫色唇彩

紫色是一种代表高贵和典雅的颜色。喜欢紫色唇彩的女性，性格较为外向，具有较强的表现欲望和优越感。虽然她喜欢在别人面前展示自己的魅力，但从不虚伪。有些时候，她很爱幻想，喜欢追求不平凡的生活方式。在与人交往时，她往往会给人一种高高在上、难以接近、不易被诱惑的感觉，但她恰恰具有让男性痴迷的不可思议的魅力和个性。通常情况下，涂抹这种颜色唇彩的女性往往从事音乐、艺术等行业。

可见，一个女人对唇彩的喜好，往往可以透露出她的性格特征和职业。

喜欢用长发盖住耳朵的人，
有孤独的倾向

发型是一个人展现自己性格特征最直接的方式，俗话说"一发二妆三服装"。同样一个人，因为变换不同的发型会给人以完全不同的感觉，尤其对于女性来说，从对不同发型的偏好中可以了解其性格特征。通常，女人的青春和性感与头发的长短有关联，而要不要留长发的决定，意味着不同的含义。

一般而言，留长发的女人偏爱回忆，习惯于静态思维，行为被动，容易放弃自我，做事仔细，性别意识较强；留短发者追求新鲜感，注意力分散，情绪更易改变，处世主动，我行我素，较为粗犷，性别意识淡化。留长发者较依赖他人，留恋过去；留短发者相对较独立，面向未来。留长发的女性通常看起来温柔、端庄，态度谨慎，但令人意外的是，她的内心坚强，能冷静判断自身与周围的人际关系，很懂得自我约束。

喜欢用长发盖住耳朵的人，有喜欢孤独的倾向。长发可以遮住脸的一部分，也可以盖住接受外界信息的入口——耳朵，仿佛不愿意听别人说话，只想躲在自己的世界里，不受外界干扰。比起与人交际往来，她们更喜欢独处。

一头乌黑秀丽的长发是青春活力的象征。很多女性在进入中年之后会逐渐把头发剪短，而有的女性却始终留着及腰的长发。她们通常很在意别人的眼光，内心拒绝自己变老，也不愿接受自己的年龄，因而一直保留着少女般的长发。

喜爱留短发的女性通常对自己的容貌比较有自信，因为长发具有修饰脸型的作用,而短发会让整个面孔展现在别人眼前。短发的人通常比较开朗活泼、个性直爽,很少有多愁善感的时候。

具体来说,一头精心修剪的时髦短发通常代表与众不同的个性和经济上的宽裕。短发常常比长发更难打理,需要更多的时间和金钱来保持完美的效果。因此,留着一头时髦短发的女性是非常注重外表的人,而且想要展现自己与众不同的一面。

留着普通短发的女性则通常具有务实的个性。她们不想花太多时间来打理头发,不想把早上宝贵的时间浪费在梳妆打扮上。比起外表的修饰,她们更看重能力的培养。当然,在判断留短发女性的性格特征时,要排除对方正在接受手术或在康复中的情况。

一个人心情愉快时总是很乐意打理自己。如果一个平日里衣冠整洁的朋友突然头发散乱、不清爽,一定是发生了什么事情,这时你就应该多关心一下他。

背浅色包的人希望自己与众不同

提包在人们的工作、生活和学习中是一件非常重要的物品。很多时候,它几乎与人形影不离,人走到哪里,它就被带到哪里。正是因为提包具有如此重要的作用,所以,它在一定程度上可以向外界传递一定的信息,让外界通过提包来认识提包的主人。

提包的颜色是最明显的特征。目前,提包的颜色以黑色、棕色居多，这两种颜色是大众普遍能够接受的。不论男性还是女性，所选择的提包颜色越接近黑色，其性格往往越偏向外向开朗，乐于与人接触，在同事和朋友圈中也会比较合群。

相反，喜欢背浅色包的人，内心非常希望自己是与众不同的。他们给人的感觉有点冷漠，很难接近。提包的颜色越接近白色，这种冷漠的气质就越明显。白色给人以高贵、完美无瑕之感，在一片黑色、棕色的提包中总是格外醒目。并且，白色的提包很难保持清洁，用白色提包的人看起来生活优裕，不像是为生活所累的人。他们也带有一点完美主义的倾向，比较挑剔且讲原则。与这样的人相处，要记得多多夸赞他们的独特品位。

提包的样式也是了解人心的途径之一。特别是女士提包款式众多，对不同款式的偏好更能反映出一个人的心理特点。

1. 口袋式的大包

这种提包可以容纳较多物品，雨伞、眼镜盒、指甲刀、创可贴等日常生活可能用到的东西都被放在里面。由此可见，提包的主人对于可能发生的意外状况十分谨慎，喜欢做好万全的准备。有时，他们不仅为自己准备这些东西，还会考虑到同事可能发生的小状况，这反映出他们关心他人、为人体贴热情的一面。

然而，这种包由于只有一个口袋，因此包里的东西都混在一起，没有一点规则，要找一件东西常常需要花费很长时间。可见，喜欢这种提包的人做事大多比较糊涂，目的性也不是很明确，但对人通常都比较热情和亲切。

2. 层次分明的小包

这种包虽然体积不大，但是层次分明，被区隔成若干个大小不同的口袋，方便分别放置不同的物品，想要什么伸手就可以拿到。这说明提包的主人是一个很有原则性的人，他们大多具有很强的进取心，办事认真可靠，待人也很有礼貌。一般说来，这一类型的人有很强的自信心，组织能力突出。但他们的缺点是大多比较严肃、呆板，会过多地拘泥于生活中的某些细节。

3. 方形提包

方形提包有棱有角，所以体积通常比较小，使用起来不是很方便，其装饰价值大过使用价值。喜欢这种提包的人一般是爱冒险、爱时髦的年轻人，他们追求标新立异，不喜欢和大家一样。他们对于其他物品的选择，通常也更看重美观和独特性，而非物品本身的实用性。

还有一些人出门不喜欢背包，而是直接把钱包、手机等物品塞在口袋里。因此，他们身上从不会带不相关的、用不上的东西，凡事以目标为导向，做事效率很高，在物品的选择上注重实用性。不喜欢带包的女性通常不愿意把时间花在工作以外的事情上，她们看重结果和成就，对生活细节不是特别重视。

第三章
相由心生，人可以貌相

皮肤白皙的男性通常内向而害羞

人们皮肤的颜色具有一定的社会和文化意义。虽然人的肤色在一定程度上取决于父母的遗传，但后天环境对肤色的塑造起着更大的作用，而且肤色与人的性格也有密切的关系。当我们初次见到一个人时，通常会通过对方的肤色来初步判断其身份。皮肤粗糙黝黑的人常被认为是体力劳动者，而皮肤白皙细腻的人则被认为是从事脑力工作的白领。这种认识有一定的合理性，但不能作为判断的绝对依据。

皮肤白皙的男性通常内向且害羞。人类学研究表明，皮肤白皙的女性往往很受欢迎，而肤色黝黑的男性更受青睐。原因在于，皮肤白皙的女性容易让人联想到纯洁、善良、单纯等美好的特质，而皮肤黝黑的男性则给人感觉很有力量、十分可靠。皮肤白皙的男性却没那么受欢迎，社会对他们存在先入为主的偏见，认为皮肤白的男性一定是娇生惯养、软弱无力的人。这显然是一种偏见，但大多数皮肤白皙的男性的确性格内向、不善于和人打交道，他们个性比较封闭，喜欢独自一人待着，有些害羞和自卑。在朋友聚会上，他们常常独自一人坐在角落,很少主动和人说话。和这类人相处,要多鼓励和称赞他们,与他们敞开心扉地交谈,他们就会视你如知己。在生活和工作中,他们常常扮演独行侠和跟随者的角色,而很少成为领导者。即使因为工作出色而登上管理岗位,他们也是非常低调谦和的领导者。

从一个人皮肤的状态也能略知他的个性。有的人皮肤粗糙,油脂分泌旺盛,眼袋和黑眼圈问题严重,并且身材粗壮、声音浑厚。这类人往往个性爽朗,较具侵略性,有很强的自信心,凡事喜欢以自我为中心,对权力和金钱有很强的欲望,在工作中常常担任领导角色。

另一些人皮肤细腻、头发柔软。这类人通常性情温和,显得比较懒散,做事总是慢吞吞的。他们非常重视生活品质,喜欢享受生活,对自己的要求不会太高,环境也没有给他们带来太大的压力。如果是女性,通常心思细腻且挑剔,购物时喜欢反复比较,很难买到一件称心如意的商品。她在选择聚餐地点时,注重餐厅四周的气氛远胜过食物本身。

不同体型的人有怎样的性格特征

通常,人们在工作或社交场合中总会把自己的内心包裹得严严实实,要了解一个人的性格,并不简单。但是人至少有一样东西难以掩饰,那就是他的体型。人的体型无法受到意识控制,却能反映内心。因此,我们可以通过体型大致判断他人的性格。

下面我们就介绍5种不同体型的人及其相关性格分析。

1. 肥胖型

这种体型的人的特征是胸部、腹部、臀部堆积了一些赘肉。这类人能很快适应周围人情绪的变化，大多比较好动，乐于偷懒且喜欢被人奉承，有时会在工作中耍点小聪明。

他们的性格热情活泼，喜好社交，行动积极，善良单纯，也有温文尔雅的一面。他们中有许多人是成功的企业家，理解力和同时处理多项事务的能力强，但考虑问题欠缺一贯性，常失言，做事过于草率，自我评价过高，喜欢干涉别人的言行，喜欢多管闲事。在工作中，如果有人无法默默地顺从他们的意志，他们就会立即与该人断绝来往。

他们缺乏人格魅力。即使有出众的才华或拥有权力，人们也会与他们保持一定距离，在家庭中也非常容易被孤立。如果你与这种人接触和交往，不可以与他对立。因为这类人有一定的攻击性，在自己的正确性被认同之前，必会急切地主张自我的正当性。这类人被认为属于偏执质类型。

2. 苗条而有心事型

"苗条"是针对瘦弱的人所用的词语，很多瘦弱的人会隐藏心事，给人无法接近和无从交往的感觉。瘦弱型的女性大都个性刚烈，生起气来连男人都招架不住。这类人最大的特点是冷静沉着，但性格十分复杂，存在互相矛盾的地方。他们对幻想中的事物兴趣强烈，不愿让他人了解自己的内心世界和私生活。此类人不愿与人结交为友，却又展现出一种令人意欲与他接近的贵族气质，身上常散发着一种浪漫情调。

如果你想与这类人交往，就要了解他们善良、细腻的心思。他们通常在生活中严谨慎重，意志薄弱，会专注于鸡毛蒜皮的无聊小事，内心骄傲而外表冷漠。在无法下决心时，会凭冲动做出决定。他们天生对手工艺、文学、美术感兴趣，对流行服饰的感觉也很敏锐。

3. 强健型

拥有这样身材的人肌肉发达、体态匀称、头部较大、筋骨强壮、肩膀宽阔，他们通常属于黏液质类型的人。他们的言行循规蹈矩、一丝不苟，不少人是举重、摔跤选手或公司领导。如果你去翻看他们的抽屉，会发现里面一定是井然有序的，他们写的字也是一笔一画的正楷。

这类人的另一个特点是行动迟缓，说话绕弯子，唠叨个不停。如果你叫他们写文章，必定会洋洋洒洒地写出一大篇。他们是足以让人信赖但又稍微欠缺趣味性的坚毅型人物。他们既有顽固执着的一面，也有拘泥于形式思考的习惯。如果你想了解这种类型的人，不妨偶尔通过闲谈或请客来试试他们。

4. 娃娃脸半成熟型

这类人怎么也看不出实际年纪，长着一张娃娃脸，属于未完全成熟型的人。他们大多以自我为中心，个性强，又称为表现型性格。谈话时若不以他们为中心，他们就会很不愉快，完全不听他人的意见，属于任性类型。

他们对每一行都不精通，但知识面广泛，谈吐风趣，擅长幽默表达。谈话时常用"我……"开头，没完没了。他们属于天真且无心机的人，但他们自己却意识不到自己缺乏成熟的个性和思想。如果他们被追捧，就会很高兴；如果被冷遇，就会心生嫉妒，这时要小心他们可能陷入歇斯底里的状态。

5. 瘦弱细线条型

这类人具有强烈的敏感性，对周围环境的变化十分敏锐，常常会过度留意周围人的动静。在这类人中,绝对没有脑筋差的人,其中知识分子为多数。他们无论做什么事情,都会自己承担一切责任,当他们犯错时常会说"都是我不好……"。

这类人心理不稳定,容易失衡,心情焦虑,但他们自己却能经常发现自己的这种缺点,具有丰富和细腻的感情。他们性格文静真诚而又顺从,带有神经质的特点,给别人的印象是没有自主性、迟钝、性情易变、不易结交。对于这类朋友或上司所托之事,一定要认真履行承诺,确保事情圆满解决。

总之,从许多的事实看,某种体型的人确实容易形成某种个性品质和特征,我们可以借此对人的心理进行粗略观察和初步判断。只要不过于刻板,是有一定效果的。

一脸苦相的人,大多心胸狭窄

我们身边或许会有这样的人:无论何时何地,当我们见到他时,他要么脸上阴沉沉的,仿佛刚跟别人吵过架;要么一副愁眉不展的样子,似乎天下的倒霉事都让他给遇上了。这种人通常被人们称为"苦瓜脸"。像这种经常摆着苦瓜相的人,大多是些心胸狭窄、脾气焦躁的人。

没有人愿意天天看到一张苦瓜脸。这些常摆着苦瓜脸的人,总觉得自己遇到了天大的不幸,他们觉得别人的烦恼肯定没有自己的多,令人生气的事情别人也比他遇到的少。总之,他们仿佛成了天下最不幸的人。所以,常摆着苦瓜脸的人往往心胸狭窄。他们常常会为一丁点儿鸡毛蒜皮的小事就大动肝火、指天骂地。如果是女性，还会号啕大哭一场。在别人眼里芝麻大的事，在他们眼里可能就是惊天动地的大事，他们会锱铢必较，凡事不揪出个"所以然"来誓不罢休。倘若你有一点令他们不满意，他们便会指着你的鼻子叫嚷。

比如，有时同事或朋友开了个小玩笑，在其他同事或朋友看来，这个玩笑或许很有意思，也不过火，还能博大家一笑，没有什么大不了的。但他们这样的人可能就会十分介意，大动肝火，摆出一副苦瓜脸，勒令同事或朋友向自己道歉。这些表现都表明他是一个心胸狭窄的人，这样的人还是少招惹为妙。

常摆苦瓜脸的人不仅心胸狭窄，脾气还十分焦躁。在工作中，一样的工作量分派下来，这样的人总觉得自己比别人的工作量大，难度系数也更高。他们不会从自身找原因，总是揪住一点小细节斤斤计较。他们没有一点耐心，忍耐力也极差，遇到不顺心的事情，哪怕只是芝麻绿豆大的小事，都会发很大的脾气。而且，他们常常不顾场合、不顾情面地发脾气，让身边的人感觉下不来台面。有时他们发的脾气在别人看来都是可笑甚至莫名其妙的，大伙儿还不知道发生了什么事，他们就已经抡锤摔东西了。所以，当这样的人和别人聚会或是参加集体活动时，通常会有一些不愉快的状况发生，搞不好最后会弄得大家不欢而散。

所以，当我们遇到常摆苦瓜脸的人时，最好"敬而远之"。因为这种人既心胸狭窄，又有着不可理喻的臭脾气，绝对不是一般人轻易能靠近的。

额头宽的人聪明，额头窄的人老实

额头是指发际与眉毛之间的区域，额头占整张脸的面积通常是最大的。一般来说，从额头的形状可以看出一个人处世的智慧与态度。

一般情况下，判断一个人额头是宽阔还是狭窄的依据，是一个人额头左右跨度的大小。额头宽大的人，五官看起来更为分明，轮廓也更清晰。从人体构造角度来讲，额头宽大的人，脑容量一般相对较大，头脑比较灵活，逻辑思维也很缜密，所以会给人一种聪明伶俐的印象。很多企业家都是这种类型。

另外，宽额头的人一般心胸比较宽阔，在与人相处时不太会斤斤计较，给人很开朗大气的印象，乐于交朋友，所以往往人缘都还不错。不过，他们有时难免听不进别人的劝说，做起事来也难免有些浮躁，缺乏实干精神。和他们相处要注意方式方法，即使提意见也要委婉地表达，避免硬碰硬或用挖苦的语气劝导，那样只会适得其反。

在对待爱情上，额头较宽的人更容易花心。他们或许可以和恋人说绵绵情话，但是也可能转眼就被别人吸引。同这样的人交往，不要过于苛求他们时刻守在自己身边，适当放手，给予他们一定的空间，感情或许能更长久。

另外，还有一部分人额头不仅宽，还比较圆。拥有这种额头的人中，女性居多，男性相对较少。长着这样额头的女孩比较乖巧、可爱，容易得到别人的疼爱。不过，她们遇事通常比较优柔寡断，对别人有依赖心理。

额头左右跨度较小的人,就是人们常说的窄额头。窄额头的人一般比较老实,给人一种温顺含蓄的印象,他们通常与人为善,容易与别人相处。他们做事踏实认真,虽然思维不及宽额头的人敏锐,但好在勤勤恳恳。

窄额头的人同样也有缺点,比如缺乏毅力,常常会因为一点小挫折就轻易放弃,性格稍显幼稚、任性,时常会有一意孤行的举动。他们爱发脾气,并且不分场合、不看情况,感情也较易冲动。

在与人相处上,这种人不太喜欢争强好胜,更向往平静安宁的生活。虽然他们可能不会有太大的成就,但是一般都会安居乐业。对待恋人,他们愿意付出真心与耐心,一旦认定了一个对象,就希望能好好地爱对方到老,所以这种人一般家庭生活会比较幸福。

下巴也是一个人个性的象征

在所有人体部位里,下巴是生理学家和心理学家研究得最为透彻的一个部位。通过观察下巴,我们能了解一个人的个性特点。

如果一个人的下巴呈半圆形或是椭圆形,看起来宽厚、浑圆,拥有这种下巴的人为人比较和善,性格忠厚踏实,做事积极主动。如果男人长着圆下巴,那么他一定是个性格开朗、乐于助人的人,会是一个很好的朋友。如果女人长有这种下巴,则表明她比较善解人意,并且家庭观念很强,成家之后,会是个贤妻良母。所以，圆下巴的人一般能拥有美满的婚姻生活。

在与人相处上，由于他们性格温和，能给身边的朋友带来安全感，容易得到朋友的信任。

如果一个人的下巴呈方形，下巴底部有左右两个棱角，这样的人是天生的行动派。他们个性刚毅果断，一旦有了想法，就会立刻展开行动，且具有不达目的不罢休的坚韧精神。

此外，方下巴的人还是理想主义者。有时他们明知道这么做会对自己不利，但仍然会付诸行动。最终如果能够取得成功，他们会认为是理所当然，如果以失败告终，则会一反常态，容易做出一些带有破坏性的举动。

由于方下巴的人有强烈的进取心，他们一般容易在所从事的领域获得成功。这种个性表现在爱情上，就是对自己中意的人会锲而不舍，即使遇到阻碍，也会想尽办法排除万难，努力追求。

另外，下巴比较尖的人，通常性格活泼开朗，招人喜欢。但他们也比较争强好胜，自尊心很强，还很怕被人欺骗。如果不小心得罪了他们，很可能会遭到他们的记恨。下巴尖且短的人，个性善变、急躁，做事常常欠缺周密的思考，缺乏计划与耐力，喜欢提出一大堆问题与构想，但是事后却无力完成。尖下巴的人喜欢把爱情理想化，并且有较高的审美水平。

通过观察下巴，可以帮助我们识别人的个性。与下巴比较圆的人做朋友或恋人，会让你的工作或生活更加轻松，你可以得到他们慷慨的帮助。和下巴比较尖的人交往，可以让他们帮助你提高审美能力。

与颧骨突出的人沟通不要拖泥带水

自古以来，人们就将人的脸型分为"五形"和"三骨"，"三骨"指的是眉骨、颧骨和下颌骨。人的美丑善恶和喜怒哀乐等情绪表现都与"三骨"存在关联，所以，通过观察人的脸部骨骼，自然也能看出一些端倪。

对于颧骨高且突出的人，尤其是女性，民间往往有"克夫命"的说法，其实这种说法不科学。但是，这类型的人多半比较强势，事业心强，手脚利落，做事明快果决，不会反反复复，并且爆发力十足，能够刻苦耐劳，有过人的耐力与毅力，许多舞者和运动员都属于这种类型。与这种类型的人沟通时，要注意快速、简洁地表达，不要拖泥带水。

颧骨向两侧突出的人，个性温和，不爱与人计较，不喜欢麻烦别人。与这样的人沟通前，要做好相关准备，还可以辅助一些书面资料，以便让他们充分地考虑，避免让他们产生压力。

颧骨扁平的人，一般性格比较内向，处事有些消极。他们没有什么企图心，比较没有责任感，为人较软弱。这样的人通常会因为一些小困难就萌生放弃的念头。与这类型的人打交道，需要多给对方一些肯定和鼓励，这有助于营造积极的沟通氛围，从而更顺畅地达成沟通目的。

颧骨延伸至嘴角的人，通常个性比较严肃，不爱和人聊八卦是非。与这样的人沟通时，可以先和他们聊些社会现象，这样比较能引起他们的共鸣与好感。

颧骨上无肉的人，脸部给人一种单薄的感觉，个性比较苛刻，习惯严以律人。他们一般要求很高，非常注重细节。如果在沟通过程中，在小问题上不能达成一致，就很难取得好的沟通效果。

再说说下颌骨，下颌骨不仅包括下巴的部位，还包含向两侧延伸至耳下的骨骼线条，从头部的侧面来观察，就能看得比较清楚。

如果从正面看，下巴呈圆窄状，但是从侧面看，下巴会更向后缩，几乎紧贴着脖子，这便是下颌骨后退。这种类型的人为人善良温和，好相处，个性中规中矩，有理想，但是缺乏实践的动力。与这样的人沟通，需要花时间试探他们内心真实的想法，因为他们习惯隐藏自己，往往会顺应场合，说出违背自己心意的话。

如果一个人的下颌骨线条刚硬，向耳朵方向延伸呈水平线条，连接耳朵的部分则呈现九十度直角，这种属于下颌骨线条平直型。这种类型的人个性坚忍、有耐力，内敛低调，性格细腻，观察力佳，且会在不经意间展现出他的贴心。

这类型的人耳根子软，和他们沟通时，可以适当吐露自己的内心话以及一些生活上的困境，他们会愿意用更多耐心与同理心，给你更多表达的机会。

下颌骨在侧脸向上斜切的人个性精明、干练、八面玲珑，说话速度快，与人相处常带有目的性。

这类型的人往往会给人"笑面虎"的印象，他们在需要你的时候会表现得非常热情。不过，如果你因此对他们掏心掏肺，则很容易被他们利用。

下颌骨在耳下往两侧变宽，这样的人从正面看，脸型较宽，下巴曲线接近倒梯形。他们通常喜欢热闹的氛围，个性大方，爱引人注目，善于交际，但不善于思考。

在与人沟通时，通过观察对方的脸部骨骼，我们可以大概推测出对方是怎样的人，从而调整沟通策略，以达到最佳的沟通效果。

第四章

听到这些话，千万要注意

"可能吧"其实是"我不同意你的说法"

中国有句老话叫"说话听声，锣鼓听音"，指的是要注意说话者的"弦外之音"。你一定有过这样的经历：当你表达完想法并向大家征求意见的时候，大多数人会附和说："我同意你的想法。"可是，却有一个不同的声音响起："可能吧……"对于这几个简单的字，你会怎样理解？

你也许会想，是他没有想出否定的意见才这么回答吧。当然，不排除这个可能，但是大部分时候，说出"可能吧"往往有言外之意。其实，"可能吧"的潜台词很明显，就是"我不同意你的说法"。

我们暂且假设他有不同意见。设想一下，当大家都对你的想法持肯定态度的时候，他往往不好意思直接提出异议。如果他直言不讳地说"我不同意你的说法"，这需要很大的勇气。这类人自我防范意识很强，他们往往很老练，而且有很多顾虑。也许他觉得只有自己一个人提出反对意见，会招致大家的反感。然而，他又不想违心地表示赞同。在这种情况下，他懂得含蓄，知道迂回之道，于是只好以一句"可能吧"来敷衍。

这样的人一般比较冷静，懂得以退为进，一般人际关系都处理得很好。所以，听到这样的话，你要充分考虑说话者心里的真实状态。在这种语言环境下，他其实很想表达自己的真实想法："我想说不是这样的，但是现在提出反对意见，又好像不是时候……"这正是他心里一直在纠结、有矛盾在挣扎的表现。所以说，"可能吧"所蕴含的心理语言等同于"我不同意你的说法"。

其实，这种因碍于语言环境而不便直接对你表达否定意见的行为，是受从众心理支配的。从众心理是指个体在受到群体影响时，会怀疑并改变自己的观点、判断和行为，朝着与群体大多数人一致的方向变化。这种从众心理也被称为"随大流"。一般来说，它有三种表现形式：一是口服心服，即表面完全服从，内心也欣然接受；二是口服心不服，即表面出于无奈而勉强服从，可是内心有着强烈的反对意愿；三是彻底随大流，谈不上服从与不服从，别人怎么做他就怎么做。

与"可能吧"相类似的回应还有"好像是这样吧""也许是吧""大概吧""差不多"等，这些也是很多公司主管常用的回应语。如果你的意见得到了这样的回应，你就需要好好揣摩一番了。

说自己"性格不太好"的人
其实很自恋

生活中，我们常常可以听到身边的人以抱怨的口吻评价自己,这个说"我的性格不太好",那个说"唉,最近我胖了……""总熬夜,我都长痘痘了"。他们真的是有感而发吗?面对他们的"坦诚",你该作何感想?其实,他们过分关注自己的性格、外表,恰恰反映出他们不同的心境。

  王文在联谊会上认识了一个叫雪的女孩。吃过一次饭后,雪就和王文坦白:"我的性格不太好。"王文心想:"她总说自己性格不好,可究竟哪里不好呢?雪一直都是温婉可人的模样啊!"继而又想:"能坦言自己性格不好的人,相信也坏不到哪去。"可是,随着交往的程度加深,王文发现雪的性格真的很差,她总是随时随地叫王文帮她背着一包化妆品,不分场合地补粉、修眉,而且她总觉得自己是独一无二的,她觉得王文就该随叫随到,她还说王文遇到自己是捡到了宝。

  从这个例子可以看出,王文把雪坦言"性格不太好"当成了诚实。实际上,坦诚自己性格不好的人,往往性格真的很差。这样的人通常意识不到自己性格上的缺点,相反,他们还会觉得这是优点。

  性格是好是坏,并不是绝对的,每个人的看法都不尽相同。如果你在和人交往的过程中,遇到一个坦白自己性格不好的人,你需要具体情况具体分析。一般人们对不熟悉的人通常不会过多谈论自己的性格,不想被人知其"短"。如果仅见了一面的人对你暴露自己"性格不太好",这往往是其自恋的表现。实际上,这类人要么把"性格不太好"当成了口头禅,要么就是以自我为中心。他们对自己相当满意,并且十分喜欢"性格不太好"的自己。所以,他们表现得十分自恋,总是把注意力过多地集中在自己的身上。

  生活中,还有一部分人总是过度关注自己的外表。和他们交谈时，你会感觉有些喘不过气来，因为他们总是纠结于"是不是长胖了""脸上是不是起痘痘了"等问题。究竟他们出于什么心理，要向你坦言自己"长胖了"或"起痘了"呢？

假设你有个久违的朋友，他非常胖，你从前没少拿他的胖开玩笑。如果有一天你们在街上重逢，他一定会抢先说："我是不是又胖了啊？"是的，如果他很率真，以你们的亲密程度，他坦诚自己胖了也无妨。这是他先发制人的表现，因为他不了解你如今的感受，而过胖的阴影又使他的心里忐忑不安，他总有一丝担心："好久不见了，你不会又说我胖了吧？干脆我先说出来，封你的嘴吧！"其实，这样的人既自我又自卑，他总是觉得别人会把目光聚集在自己身上，同时，他又觉得自己身上有不完美的地方。他虽然直言自己长胖了，心里却十分渴望能得到你的否定回答。如果你说："你哪里胖了？明明瘦了嘛！"相信他会笑得连耳朵都红了。

"可是"是听不进去的表现

如果留心观察犯错的儿童，你会发现，小孩子犯错误被父母发现之后，无论大人怎么苦口婆心地教育他，他通常都是一种反应：瞪着乌溜溜的眼睛向上看，嘴上嘀咕着"可是……"。有这样的反应，表明他对父母所说的话根本不感兴趣，也没有办法静下心来倾听。这样的孩子基本以自我为中心，无论父母说什么，他都会辩解几句。

不只是孩子，成人也是如此。尤其是在恋人、朋友或同事之间，我们经常可以听到耐人寻味的"可是……"。比如，在开会讨论问题时，经常有人"可是……"个没完，这很容易让你感到手足无措。大家一直在讨论一个问题，可就有那么一个人一直用"可是"强行转换话题，结果刚刚讨论得有点眉目，讨论又不得不中断。因此，要是整个会议中有一个人说两三次"可是……"，这场会议就没办法继续下去了。常用"可是"的这个人，他无法安静地听完你的发言，也无法参与到大家积极的讨论中。对他来说，大家讨论的话题他不感兴趣，他没有办法静下心来倾听，他的思绪被自己"可是"后面的内容填得满满当当。他喜欢以自我为中心，并且表现得很幼稚。

在日常交谈中，除了"可是"，还有很多可以转移到新话题的连接词，比如"要是这么说……""也就是说……"等。随着信息交换或意见表达，谈话内容会开始绕圈子或者转向。有时候，话题的转换不是自然发生，而是参与者有心操控的结果。像前面提到的"要是这么说"，明显是通过承接别人的言论，将话题引向自己的观点；"也就是说……"则是换一种方式强调之前所说的话。这些连接词使话题的进行不再像火车轨道横越平原那般平顺，它们能清晰地显露出什么话题是人们感兴趣的，什么话题是他们不感兴趣的。

总之，如果有人在和你谈话的时候频繁用到"可是……"，我们基本可以判定，他根本没在意你在说什么，也没有听进去你说了些什么，只是想尽快结束谈话或者重新开启一段新的话题。

担心"做不好怎么办"的人，
往往认真负责

你拜托朋友一件事，他答应了，可却总是小声嘀咕"我做不好怎么办"。他表现得十分不安，弄得你也没了底气，你是不是顿生悔意，心想："早知道这样，还不如找别人帮忙了。"其实，你的担心是多余的。他担心"做不好"，往往是在面对压力时不自觉的表现。这样的人，对你交代的事情往往会认真负责。

不管是谁，身上多了一副沉甸甸的担子，都会产生"搞砸了可怎么办""能不能办好"之类的焦虑和担心。如果你的朋友把他的担心说了出来，这表明他害怕做不好让你失望。面对你的信任，他有着很强的责任感，在无形中给自己增加了压力，表现在行动上就是小声嘀咕"做不好怎么办"。他之所以这样小声嘀咕，是为了缓解自己的不安感。在这种情况下，如果你对他说："你一定行的，我看你行！"他一定会信心倍增，接下来就会制订周密的计划并付诸行动。不用猜，你交代他去做的事情，结果一定会很完美。

所以说，如果你拜托朋友帮你做一件事，他说"做不好怎么办"，这是他对你交代的事十分重视的正常反应，不是说他能力不够，而是他小心谨慎。相反，如果答应帮你忙的朋友一口应承"绝对没问题，放心吧"或"交给我你就放心吧"，反而会让你产生"靠不靠谱"的忧虑。

生活中，有许多人把握不好承诺的分寸。在面对朋友的托付时，他们会把胸脯拍得啪啪响，说些"绝对没问题"之类的话。这种表决心的态度本身并没有什么不好，问题在于大部分人都只是嘴上说说而已。所以，常常会听到有的女孩哭着对男友说："你说话太不算话了，上次你还和我拍胸脯保证了呢！"正是因为承诺容易做出，履行却困难重重，尽管他们说"绝对没问题"时信心十足，但是真正做的时候，有没有能力和信心就不好说了。

"我想做好，但是如果不行，我也没办法"——也许这才是说出"绝对没问题"的人内心真实的想法。试想一下，当女孩埋怨男友说到没做到的时候，男孩通常会说："我是很想做好，可实在不行，我有什么办法？"是的，要的就是这句话。当他拍着胸脯说"绝对"的时候，这些脱身的理由就已在脑海里盘旋了。换言之，他从一开始就没有打算负责任。

既然没有信心做好，又为何要夸下海口呢？这是他们的虚荣心在作祟。常把"绝对没问题"挂在嘴边的人，通常都有很强的虚荣心和自尊心，渴望朋友、恋人、同事、上司时刻关注自己，渴望获得身边人的信任，希望能给人留下积极、有活力、有冲劲的印象，然而结果却总是事与愿违。

总之，常说"做不好怎么办"的人通常是有责任感的人，而总把"绝对没问题"当口头禅的人往往不可信。

常说"我"的人，要先解决他的利益问题

"我"是最稀松平常的字，也是谈话中出现频率极高的字。你可以和家人、朋友进行一段不超过三分钟的对话，如果

将这段对话录音，便会发现这段对话中"我"出现的频率高得无法想象。研究发现，一个人在谈话中用"我"的频率，和他的性格，以及他从小到大对人的看法都有很大关系。

如果你的交谈对象在和你谈话的过程中，频繁地使用"我"，甚至每句话都以"我"开头，这表示他是个主观意识很强、以自我为中心的人。他自信、有想法，凡事先考虑自己的利益。也许这和他从小到大的成长环境有关，比如，他是家里的独子，由爷爷奶奶带大。和他交谈时，你会发现他不断地使用"我感觉……""我发觉……""依我看……""可是我认为……"等句式。他这样做，表明他急迫地想把自己的真正需求传达给你。面对这样的人，你要先解决他的利益问题，让他觉得你是懂他的、是在认真倾听他的话，这样他会对你产生明显的好感。需要特别注意的是，当他说"上次我提过……"时，倘若你傻乎乎地说不记得了，他会立刻做出反应，觉得你一点都不尊重他，认为你所做的一切都是虚情假意。常说"我"的人，一般习惯以自我为中心，享受那种如太阳般被环绕的感觉。

在社交场合中，"我"是一个可以帮你判断交谈对象性格和情绪的字。一般来说，还有几个概念词在对话中出现的频率较高，如"你""他""大家"等。现在，让我们一起了解频繁使用这些常用词的谈话者的性格特点吧。

1. 常用"你"或"您"的人通常长袖善舞

这样的人总能给大家留下公平、客观、自律的印象。他们似乎很合群，社交能力很强。他们往往彬彬有礼，长袖善舞，和人交往时通常会留有余地，保持一定的距离。如果你和他们交谈，谈论公事，他们会滔滔不绝；如果是私事，他们会马上转移话题，对你筑起壁垒，转为防守姿态，通常不喜欢透露过多自己的事情。

2. 常用"他"的人习惯旁敲侧击

如果你的交谈对象常常用"他"这个字眼，这表明他是个防卫心重的人。他个性谨慎，谈事情时习惯旁敲侧击，试探你对事情的真实看法。他表面上看起来十分好接触，实际上很少与人交心。他通常会被专业的数据信息说服，或被见多识广的人折服。

3. 常用"大家"的人往往默默无声

在交谈中你会发现，有的人很少用到"我""你""他"这三个字，更习惯用"大家"来做每句话的开场。这样的人在人群中毫不起眼，往往是默默无闻的那一个。他的性格里带着很浓的自卑成分，他也期待被重视，希望你赞扬他的想法和言辞，可是他通常不知道如何表达。如果和他交谈时，你用称赞和肯定的语气，他一定会表现得十分欢喜，对你产生好感，并很快和你成为朋友。

注意对方谈话中这些出现频率很高的词语，有助于我们更深入地了解对方的真实性格。

说"我这人不会说客套话"的人，很会拍马屁

常常说"我这人就是不会说客套话"的人很多。时常将这句话挂在嘴边的人，一般有两种类型。一种是确实不会说客气

话的人，他们为人正直，一是一，二是二；另一种往往是为掩饰自己的谄媚而找的借口。生活中，常常说"我天生就是不会说客套话的人"，绝大部分属于后者。

为了拍马屁而自称"不会说客套话"的人很难对付。因为他在刚否定自己不会拍马屁之后，紧接着就开始奉承。汉武帝时，有个叫吾丘寿王的人就是精通此道的高手。

西周时期铸造的青铜器十分精美，被后人视为至宝。尤其是周代的铜鼎，更是弥足珍贵。后代的帝王若能得到一只周鼎，便认为是上天赐予的宝物，代表着吉祥。汉武帝时，有一次在汾阴发现了一个精美的周鼎，汉武帝十分高兴，先把它供在太庙，然后又收藏于甘泉宫。大臣们知道汉武帝特别迷信，为了讨他欢心，纷纷上表祝贺皇上得到了周鼎。光禄大夫吾丘寿王却与众不同，说："这不是周鼎！"汉武帝听到这话有些生气，把他召上前来问道："我得到一个周鼎，大臣们都认定是周鼎，唯独你一个人说不是，什么原因？你今天给我说出个原因来，不然我就要杀你的头！"大臣们见皇帝发怒，都为吾丘寿王捏了一把冷汗。只见吾丘寿王不慌不忙地回答："没原因我怎么敢乱说？我这个人天生不会说客套话，想到什么就说什么。我听说当初周朝的德政从后稷开始，到公刘又得到长足的发展，到太王时进一步发扬光大，文王、武王使它最后得以完成，周公使它传遍天下。上天为表彰周朝，特意降下玉鼎，所以叫作周鼎。如今，我大汉朝自高祖继承周朝大业以来，大力推行德政，天下百姓都得到了恩惠，全国上下团结一心，衷心拥戴天子。到了陛下您，更是大大发展了祖宗的霸业，可谓功德无量，瑞兆不断出现，这可是天意呀！这次汾阴发现的宝鼎，是上天赐给大汉王朝的至宝，应该叫作汉鼎才是，怎么可以叫作周鼎呢？"一番话说得汉武帝心花怒放，转怒为喜。吾丘寿王不但没被治罪，反而得到了丰厚的赏赐。

　　从例子中不难看出，那么多恭维汉武帝的人都没有得到赏赐，唯独吾丘寿王得到了赏赐。可见，他才是最会拍马屁的人。不明就里的人听了吾丘寿王的话，只会觉得他很善于说客套话。然而，他事先就表明"我这人天生就不会说客套话""想到什么就说什么"，可见其拍马屁的功夫堪称一流。他事先为掩饰谄媚找足了借口，这句话等于向别人坦言自己就是在拍马屁，不过，他本人似乎并不这么认为。不管他是否明知故犯，还是为了加强谄媚的效果，这类型的人天生就爱拍马屁，总是瞅准一切机会，竭尽所能地拍马屁，以图处世之便。所以，即使他有一天被识破，也会面不改色、心不跳地说："你真的很了不起，我只是很佩服你罢了。""我是说真的呀，这东西真是太完美了。"拍马屁的话在他这里已经成了习惯用语。

　　奉承的话语是很玄妙的东西，就算听者明明知道对方在奉承谄媚，也会十分受用。不管你多么聪明，漂亮话还是会让你失去警惕。即使你上了当，也会在心里大呼："真舒服！"

第五章
从言语习惯看交流之道

好用夸张说法的人，渴望与人交谈

生活的语言如果用简单的颜色来划分，我们可以将它分为黑、白、灰三种。假设乐观的人用白色的语言："好极了""太棒了""相当完美""最美的"；悲观的人用黑色的语言："太糟糕了""太可悲了""失望透顶""最讨厌"。那么剩下的灰色语言就是我们大部分人在日常生活中所应用的了。像黑、白这两种极端的语言，由于没有中间过渡的灰色成分，我们把它们称为夸张说法。

假设你在小区里遇到一个习惯使用夸张说法的人，你说："天气不错啊！"他通常会接你一句："是啊，简直太棒了，从来没遇到过这么好的天气！"如果你和他聊起几年前你去看颈椎遇到了一个很讨厌的医生，那么他会说他碰到的医生比你遇到的糟糕一百倍。如果你表示知道一家火锅店很不错，他则会表示他知道全世界最棒的火锅店在哪里。这种谈话过程让你痛苦不堪，而他自己并没有意识到这一点。习惯使用夸张说法的人，往往缺乏安全感或是希望引起他人的注意。他们十分渴望与人交谈，也想控制谈话内容和谈话者的行为。他们往往会说："那家餐厅简直完美极了，你怎么不去尝尝？""那本书简直糟糕透顶，谁买它就是大傻瓜，你不会买吧？"

习惯使用夸张说法的人喜欢用这些极端的字眼来描绘事物，像"完美极了""糟糕透顶""简直是大傻瓜"等等。有时候，他们不是想控制他人，只是因为那是他们看待事物的方式。通常情况下，我们都不喜欢和这些好用夸张说法的人聊天，觉得他们说话没有分寸。由于缺乏有效沟通，他们容易对生活产生不满，也急于告诉他人这一点。越夸张越让人避之不及，越缺乏沟通越让人感到无奈。于是，他们总像是生活遭遇了重大打击一样。其实，他们需要的往往是你能坐下来，安静地听他聊一聊。

爱打断他人话题的人，也是想引人注目，渴望与人交谈的一种人。他们内心缺乏安全感又渴望被人重视，他们很想抢走别人的风头，要大家都听他们讲话，成为众人瞩目的焦点。这种人极度自我，会不择手段地引导话题的走向。

他们会挑起一个毫不相干的话题聊个没完没了，或者拉住一个话题不放，以便控制聊天的场面。他们不会认真聆听你的谈话内容，不会专注于你所讲的每一个字，有时候听了你的话非要插一嘴不可，或者是在紧要关节和你来一场唇枪舌剑，让你十分懊恼。这样的人多半没有恶意，他们给人的印象往往是快人快语。实际上，他们要么是对你的谈话内容不感兴趣，要么是渴望与你交流，获得你的重视。

老调重弹的话题，
希望你继续追问下去

你一定有这样的经历，某一天你遇到一个不厌其烦老调重弹的人，他的喋喋不休搞得你想插嘴都难，他沉浸在自己的世界里，难以自拔。你有大吼"受不了了"的冲动，可是出于礼貌却不得不忍受……每个人都有喜欢的话题、爱讲的小故事或美好的回忆。除了因年老健忘而重复话题外，经常老调重弹不顾及他人的感受，一般是出于以下两个目的：他想避免谈话中断时的尴尬，所以用这些话填补空白；或是想确认你能收到他内心的信息，希望你能继续追问下去。

小丽是一个体重超标的女孩。在一次联谊会上，她一会儿和人大谈特谈自己18岁时苗条秀美的样子，一会儿又把那时的照片翻出来给大家看。看着大家都失去了兴趣，她才转向其他的话题，又不止一次地提及自己5年前减肥成功的事迹。她说："我那时候真胖啊，比现在还胖呢，有200多斤，后来吃了减肥药又拼命运动，还真瘦了……"她的唠叨渐渐引起大家的反感，联谊会的气氛顿时尴尬起来。

从这个例子可以看出，小丽这样多次重复相同的话题，无非是想引起大家的注意，对她的话题追问下去。话题的不断重复和这些明显的自吹自擂，反映出小丽内心极度缺乏安全感、极度自卑，这可能是由于她体重超标引发的。她也很想被接纳，甚至不惜把话题引到女孩忌讳的体重上。她利用这样的话题来确认大家接收到了她内心的一些信息,她想让大家对她的话题发问,"怎么变胖了?怎么减肥成功了?"这些问题在她心中已经有了预设的答案,她很期待大家发问,这也表明她的内心很孤独。家里年迈的老人也常常有这样的表现,他们"拉不断、扯不断"絮絮叨叨地重复着同一话题,内心希望的是我们能像小时候听他们讲故事一样,在关键的时候表现出极大的兴趣,追问他们:"接下来呢?下面发生了什么?"

如果你遇到沉浸于某个话题而无法自拔的人,不要试图打断他。从他的谈话内容中,你可以寻找到他内心所关注问题的答案,究竟是什么因素引起了他的焦虑、不安、困惑,或者是欢喜和满足?不管原因为何,你要知道,他的思绪已经被一些事物完全占满,暂时无法容纳其他的事物。这些事情不会凭空消失,无法被忽略,这些看起来无关痛痒的事物,与你交流的人却迫切地想让你知道,即使你明确地表示你已了解,也不一定会转移他的注意力。

开场白太长是缺乏自信的表现

为促进人际关系,大部分人在与他人见面交谈前都会准备一段开场白。的确,和对方见面时,如果不先说点开场话语,就直接切入重点,可能会令人对自己的意图产生误解,从而产生戒备心理而不利于沟通。所以在商业交谈中,开场白是不可少的。

一个人的开场白过长,听者不容易抓到说话的重点,只是在浪费时间，徒增听者的焦急情绪。但为什么还是有人喜欢把开场白说得很长？

首先，可能是说话者对听者的一种体贴。假如对方是个敏感细腻易受到伤害的人，直接谈到问题重点，可能会对对方造成冲击，所以说话的人就刻意拖长开场白，以照顾到对方的感受。另一种人则担心若开场白太过简短，可能导致对方误会或不悦，从而给对方留下不好的印象。基于这种不安，延长开场白。

由此可知，说话者无非是想要更详尽地表达自己的意图，这才有了很长的开场白。

开场白太长，虽事出有因，但一般来说，过长的开场白确实会令人不耐烦。但有些人却矫枉过正，在面对领导、前辈时，害怕自己过长的开场白会让对方反感而招致斥责，所以一味地顾及对方的态度，这就太反常了。

此外，有人应邀演讲时，也难免会把开场白拖得很长，这则是因缺乏自信而为之。

为什么有人会利用开场白为自己开脱？通常来说，都是为了隐藏自己的不安，这种人应是小心翼翼的人。

常发牢骚的人，
往往苛求完美

倘若你想了解一个人的个性，最直接的方式莫过于让他自己说出个性究竟如何。可惜的是，人有时也未必真正了解自己，这时你可以从其谈话习惯来判断他。每个人都有其特定的谈话习惯，有的人谈吐幽默、妙语连珠；有的人却颠三倒四、废话连篇；有的人牢骚满腹、抱怨不断；等等，总之，谈话习惯不同，反映出的人的性格也不同。

一天，某酒吧来了一位妆容精细的女士。只见她迈着优雅的步子，径直走到有落地窗的位置。这时，服务生走过来说："对不起，小姐，这个位置有人预订了。您看，是不是可以换到另外一个位置？""什么？你要我换位置？你是怎么做事的？我就是喜欢你家这个位置才来的，每次我都坐在这儿。还有，今天这桌布怎么换颜色了？花的位置摆放得也不对……你们经理呢？给我叫来！"经理被叫来了，这位优雅的女士一直不断地对他发牢骚，足有半个多小时。经理不住地道歉，并按照女士的意思更换了桌布，重新摆放了鲜花的位置。

从这个例子可以看出，这位优雅的女士十分苛求完美，小到桌布、鲜花，甚至一个就餐的位置，她都要斤斤计较、牢骚不断。并且，她在说话的时候完全不顾及他人的感受，这充分体现了她的自私自利，缺乏宽容别人的气度。

事实也是如此，如果交流对象总是不停地对你抱怨，发牢骚的时间大于谈正事的时间，你就要小心了。因为你遇到的这类人十分追求完美，他们大多是好逸恶劳、贪图享受之人。你如果和他们共事，他们对你的要求将会相当严格，甚至可以用苛刻来形容。但是对自己，他们却相当放松。"高标准，严要求"是他们给你提出的，你想让他们将其用在自己身上？想让他们设身处地为你着想？还是别做梦了。如果有一天他们想改变自己的处境，那也只是随便想想而已。他们更习惯安于现状、坐享其成，而不付诸实际行动。一遇到挫折和困难，就逃避退缩，把原因都归结到外界因素上。

有人曾说："人有两种表情，一种是脸上所显现的表情，另一种是从说话方式传递给对方的信息。"所以，语言是人类的第二种表情，我们可以从一个人说话的习惯中看出其性格。生活中，你还会看到另外一种人，他们说话拖泥带水、废话连篇。但和爱发牢骚的人不同，他们不敢大声表达自己的不满。他们大多比较软弱，责任心不强，遇事易推诿逃避，胆子比较小，心胸也不够开阔，唠唠叨叨，整天在一些鸡毛蒜皮的小事上纠缠不清。虽然对现实的状况有许多不满，但他们缺乏开拓进取精神，并不会寻求改变，只是在等待，还容易嫉妒他人。

所以，人类的语言不光能把想表达的意思传达给对方，通过不同人的说话习惯，我们还可以分析出他们的性格特点。可以说，每个人的语言习惯都是在日常生活中不知不觉形成的，它带着性格的印记。

说话像放连珠炮的人，
往往缺少心计

我们经常会遇到说话像放连珠炮的人，他们一张口，别人就没有机会说话了。这种人通常表现得很热诚，能说会道。其实，这往往显示出他们思想简单，没有心计。

说话像放连珠炮的人不仅说话速度快，而且音量高。对于说话者自己来说，由于说话的速度过快，肯定没有足够的时间来思考自己话里的意思，也顾不上别人的感受和反应。这样，说话者本身就会泄露太多信息，很容易招致他人的误解。此外，说话像放连珠炮的这类人将两个人的交流变为"个人脱口秀"，说话时完全无视你的存在，即使你厌烦他也没有用，他已经沉浸在自己的"舞台"不能自拔了。这些都表现出这类人说得多、想得少，或先说后想的单纯性和直接性。

通常，小孩子发现一件有趣的事情或玩得兴趣盎然时，会不假思索、滔滔不绝地向家长或他人讲述自己的所见所闻，就像放连珠炮一样。他们急于表达自己的想法，完全不顾及自己是否语无伦次。有时候，小孩就是我们身边思想最单纯、没什么心计的人群。

我们说话的目的是通过语言表达让对方领会自己的意思，但说话像放连珠炮的人由于语速太快，你和他交谈时，会跟不上他的思维节奏，感觉很累。而如果你不能确切地理解听到的内容，又会使你们之间产生不必要的尴尬，甚至误会。

在工作和生活中，这种人往往会因为其雷厉风行、快人快语的性格，容易赢得他人的好感。但同时，他们也可能因为说话不经过大脑、不顾及别人的感受而得罪人，或因表达不清、言语太多而招人反感，正所谓"言多必失"，就是这个道理。

因此，我们在与说话像放连珠炮的人交流时，不要因为他们的话语带刺就觉得自己受伤，甚至误解或者记恨对方，也不要因为厌恶这种说话方式而回避他们。要知道，这类人通常是最没有心机的，他们思想单纯，值得交往和信赖。

说话声音大的人，
性情多粗犷

有些人天生一副大嗓门，说起话来掷地有声、声如洪钟。这样的说话方式常被用于表达召唤、鼓动、说理、强调等情感。激动的心情配合高声大气的说话方式，往往可以表现出说话者激情、粗犷、豪放的性格。

说话声音大的人，大多脾气暴躁、易怒，容易激动。他们性情粗犷，为人耿直、热情，不喜欢拐弯抹角。这一类人受不了委屈，如果你和他们争论某事，他们只要认准了，就会据理力争，直到弄出个"所以然"。他们是粗线条的人，有时会充当先锋角色，起到召唤、鼓舞的作用，但有时也会被人利用，自己却浑然不知。

《三国演义》中的张飞就是这类人的代表。他以豪放、勇敢、爽朗和耿直的品质，深深吸引着广大读者。这个人物声如巨雷，目若朗星，具有浓烈的草莽英雄气概。在长坂坡一役中，曹操率众军追赶张飞。张飞立马桥头，圆睁环眼，厉声大喝："我乃燕人张翼德也，谁敢与我决一死战！"吼声如雷，竟将曹军部将夏侯杰惊得肝胆俱裂，跌于马下，曹操也挥马而走。这段有声有色的传奇故事，凸显了张飞粗犷的草莽英雄气质。

一般说来，说话声音高昂、洪亮的人大都有比较充沛和旺盛的精力，自信心充足，遇事能先发制人，以气势夺人。他们通常有一定的欣赏品位和鉴赏能力，待人热情诚恳，气质优雅，能够吸引他人的目光，并且有荣誉感。然而在生活中，我们还会遇到与之截然相反的人，他们一般说话声音小、口齿不清、反应较迟钝。这样的人通常有以下两种情况：一种人平日里语言表达不够出彩，但在关键时刻却能一鸣惊人。这表明他们心思细腻，在某一方面往往有比较出众的才能，如果勤奋，一般很快就能取得成功。另一种人则是说话方面确实存在欠缺，他们也不太经常表现自己，往往注重少说多做，更习惯用实际行动去证明自己的能力。可见，这种人心思缜密、意志坚定。比如，爱因斯坦三岁多了才开始说话，中学时代的他连许多测试都不及格，有时候人家问他叫什么名字，他都小声嘟囔，好长时间答不上来。然而，他后来却成了伟大的科学家。

说话声音小、口齿不清、反应迟钝的人，通常会给他人留下天生木讷的印象。但他们中的大多数却心思细腻、笃志坚行、见解非凡，往往能终成大事。这说明，说话声音小、反应迟钝的人，往往不是智商有问题，他们一般有较好的耐心，内心活动丰富，善于思考。

由此可见，我们在与大嗓门或说话声音像蚊子哼哼一样的人交往时，不要单从他们的说话方式上判断对方。只有多了解、多尊重他们，才能真正走进他们的内心世界。

第六章

不同的借口，不同的性格

"外罚型""内罚型"与"无罚型"人格

如果你是一家公司的经理，当你批评手下员工没有按时完成工作的时候，你的下属一般会怎样辩解？他们一般会这样说："对不起，我把工作交给实习生小李了，谁知道他没做完就放一边了。""对不起，是我的错。""嗯？晚了吗？没有吧？"

实际上，通过不同人在辩解时所找的理由，我们可以判断出一个人的性格。上文的回答正体现了"外罚型""内罚型"与"无罚型"这三种人格类型。

"对不起，可是……"一般以这种方式进行辩解的人，属于"外罚型"人格。他们习惯把责任归咎于他人或者埋怨客观情况。表面上看，似乎他们道了歉、承认了错误，实则不然。"可是"后面才是他们真正要阐述的原因，他们总是强调客观理由。比如："对，可是我是按照公司规定办的！""这事不是我负责，早就交给谁谁了！"这类人头脑比较灵活，借口很多。他们平常喜欢阿谀奉承，等出了状况能推就推，恨不得脚底抹油、溜之大吉。需要他们承担责任的时候，他们会很自然地找个借口将责任推给别人，这样的人也难保不会说出背叛朋友的话。因此，他们和同事的关系会比较紧张，讨厌他们的人也很多。

"对不起，是我的错。"一般直接承认错误、将责任包揽下来的人，属于"内罚型"人格。他们大多会主动承担责任，即使过失在别人那里，他们也会先承担下来。正因如此，他们通常是同事心中的"大好人"。他们做事往往一丝不苟，态度端正。在人际交往的过程中，他们懂得不遗余力地做好感情投资，所以常常能收获好人缘，也容易得到别人的帮助和支持。但是不足的是，他们在面对生活压力时，往往表现得不那么得心应手，抗压能力不强，也易变得沮丧。

"嗯？我错了吗？不是吧？"一般错了也不知道错在哪，也不会把责任归咎于任何人的人，属于"无罚型"人格。他们既不会把责任推给别人，也不会将责任揽到自己身上，总给人一种小糊涂神的感觉，终日一副懒洋洋的样子。他们讨厌竞争压力，总是按照自己事先计划好的程序办事，工作热情也不是很高。平日里，即使明知只是举手之劳就能换来别人的感恩戴德，他们一般也不会主动去付出。"不求无功，但求无过"，这种得过且过的态度，导致同事对他们的评价并不高。

以"本来是想"为借口的人，
自尊心很强

你听到门铃响，打开家里的大门，发现朋友两手空空地站在门外。他红着脸说："本来是想买点水果的，可是超市的水果都卖完了。"听到这,你会安慰道:"都是朋友,别那么见外。"说这话时,你一定憋着笑,心想,这人真有意思,三天两头来,还这么好面子。其实,你的想法很正确,经常以"本来是想"为借口的人往往有很强的自尊心。

在公司里,我们也常常听到类似的话。例如,领导说:"已经晚了两天了,再不交可要扣工资了。"这时,你听到同事小声地说:"对不起啊,领导。我本来是想今天交的。"说这话的人虽然承认了自己的过错,但是却没有承担责任的意思,这也和前文提到的"内罚型"人格有着明显的区别。习惯以"本来想怎么样"为借口的人多半自尊心很强。当领导批评工作进程慢的时候,他虽然心里知道错了,但不会坦白"自己没做好",他心里觉得"只是慢了一点而已,我不是没能力"。

如果领导在看完他写的报告后指出:"这里,还有这里都需要修改,按照公司的新条例修改后再拿给我。"面对领导的指正,他即使心里认可,嘴上还会小声地嘟囔着:"我本来是想那么写的。"可见,这类人不喜欢别人对自己的工作多加评论,也不会认真听取别人甚至领导的意见。有时候被逼紧了,他还会在心里把责任归咎于别人。他有很强的自尊心,即使明知道是自己能力有问题,也会先找客观理由为自己开脱。但是,在面对领导的时候,这种人没有足够的勇气反驳,只会小声嘀咕,在心里说:"本来我是想那么做的,还不是因为王姐说那么做不可以!"

每个人都是在被他人指正和自我反省的循环中成长的。常以"本来是想"为借口的人往往自尊心很强,他们在面对批评建议的时候,习惯选择逃避。这样的人内心不够强大,总觉得别人是在苛求他们。如果领导一下子对他们提出很多批评和改正建议，他们一般在心理上很难接受。但如果领导逐步地提出改进要求，情况会有所改观。由于他们自尊心比较强，一般在接受第一个要求后，面对第二个要求，就不太好意思拒绝了。

与此类似的还有一种人，他们常常以"平常应该……"为借口。如果领导批评下属晚交了工作报表，这类人通常会说："晚交两天很正常，平常得晚半个月呢！"生活中，这样的人也随处可见。如有的酒鬼被人批评过度饮酒不好，他会说："我喝这些很正常，平常比这喝得还多呢！"这种人完全以自我为中心，他们习惯以"常识和惯例"作为借口为自己开脱。他们通常很自大，总是标榜自己所谓的"常识"，并以此麻痹别人。

"不打算找借口"的人不会老实道歉

"都是我不好，真对不起，你不要生气了！"大街上，一个男人正一脸内疚地给女友道歉。女人看到男友这么诚恳地认错，不住地说："行了，行了，我知道了，别内疚了。"由此看来，诚恳地一个劲儿致歉，不找任何借口，是很容易让人接受的。

可是，如果换成另外一种道歉方式，听的人的感受会截然不同。"我不打算找借口……真对不起啊……"虽然说话人也道了歉，并且表明自己没有打算找借口，但是听的人还是会觉得说话人没有道歉的诚意。道歉人的潜台词分明是："这也不能都怪我，我这样做是有原因的，我有话想说。可是，一旦说出来又显得我不够诚恳、不够老实。算了，我还是不说了。"如果朋友在和你道歉的时候一再强调"我不打算找借口""本来我也没有打算找借口"，相信你一定很生气，你会忍不住对他咆哮："什么叫没有这个打算？你有什么想法就直说，不要兜圈子！"实际上，把"不打算找借口"挂在嘴边的人往往不会老实地道歉。明明知道道个歉、认个错就没事了，他非要多说一两句，结果总是事与愿违。

还有一类人，在犯错时会如此辩解："真对不起，可我是为你着想才这样做的啊！"这类人不会老老实实道歉。他们明明知道自己错了，却把责任引到对方的身上，希望借此得到对方的感谢，进而获得对方的谅解。他们心里的潜台词是："要不是替你考虑，我也不会这么做，所以我犯错了你也要负一半责任，更不能责怪我。"会这样说的人，犯错后不会老实地道歉，这样的人性格懦弱。平日里，他们也总是牢骚满腹、怨天尤人。

"果然躲不过你的眼睛，我当时就想呢，要是我这么做了，保不准你会不满意。好了，你说哪不对，我一定改到你满意为止！"要是犯了错的朋友这么和你说话，相信即使你窝了一肚子火，也一定会被他的油腔滑调逗笑，自然就不再生气了。你的朋友属于靠说好话来道歉、获得原谅的一类人。表面上看，他承认了错误，实际上他只想稳住你。他十分聪明，懂得揣摩你的心理，说话办事都懂得投你所好。他知道说好话可以平息你的怒火，于是卖力地迎合你。他不是性格阳刚之辈，十分擅长做表面功夫。

事先强调不利条件的人，
非常在意别人的看法

一般来说，人通常在失败或犯错之后才会找借口为自己辩解。可是有一部分人却在做事之前就慌忙找借口。比如，在参加考试之前，甲同学问乙："你复习得怎么样了？""不行啊，我最近身体一直不舒服，挂了两个星期吊瓶，耽误了不少课程，这次惨了！"乙带着哭腔说道。

像乙这样的人，对自己的学习状况缺乏自信，总担心考砸了或发挥失常会被同学取笑。于是，他事先向甲同学强调"自己最近身体状况不好，耽误了课程"等外因，这其实也是在暗示甲："就算我没考好，你也不能笑话我。"这种事先强调不利条件的人，往往非常在意别人的看法。如果让他承认自己是因为学习能力差而考砸了，他会感到特别挫败。

小王是个钓鱼高手，每次去钓鱼他都能满载而归。这天，单位组织钓鱼比赛，可是大家一直找不到小王。临近比赛，小王才满头大汗地跑来，面对众人的疑问，小王说："昨天喝得太多了，刚刚才清醒。鱼竿也找不到了，这根是和邻居借的，也不知道行不行。"

乙同学和小王同属于一类人。这种人头脑聪明、口齿伶俐、虚荣心很强，总喜欢把一件事夸张地渲染一番，希望通过这种方式吸引别人的注意力，从而更好地展现自己。他们处理事情时深思熟虑、足智多谋，但个性也像水一样，虚而不实，让人难以捉摸。他们最关心的就是自己的地位和在别人心目中的形象，无法接受被轻视。如果你说"您不知道""可这很好懂"之类的话语，他们会感到很受伤。

与之相反，还有一种无视不利条件的人。例如，假设你是公司的老板，需要下属在半天之内拜访两位客户。一位是公司的老客户，脾气很好，对人热情；一位是公司新发展的客户，脾气很坏，性格怪异。你的下属通常会先选择拜访哪个客户呢？

通常，大家都会先去拜访脾气好的客户，然后再考虑怎么去见脾气怪异的客户。不过，也有人不这样认为："反正怎么也躲不过，索性先去见那个讨厌的客户。"可以说，这种无视不利条件的人勇于面对挑战，他们明知道困难一定存在，还会义无反顾地去做。如果这样的人成为你的下属，即使把再棘手的问题交给他们，他们也不会事先向你提出不利条件。他们会脚踏实地去做事，不愉快的经历和不愉快的情绪会被他们封存起来。他们总是积极乐观，独立意识较强，从不喜欢依赖别人。他们乐于从事那种很快就能见到成果的工作，比较看重自己所获得的成就感。在生活中，他们一般表现得比较独立，不在乎别人怎么看他们，也不习惯别人对他们有太多的关心和照顾。

以"站在别人的立场想想"为理由的人很自私

从小，父母就教育我们，凡事不能光想着自己，有好吃的要分给别的小朋友，要设身处地地帮助其他小朋友。凡事要多站在别人的立场看问题，这也是人与人交往中约定俗成的准则,不管是否遵照,起码大家心里都知道这个道理。

一般情况下,没有人会把"站在别人的立场想想"挂在嘴边,但也有例外。例如:"你以为我有几只手啊?我都忙得脚打后脑勺了,你就不能考虑一下别人的感受,站在别人的角度想想?""请你别纠缠我,我从来没有喜欢过你,你就不能设身处地替别人想想吗?"

联系上文的情境来看,这些所谓"站在别人的角度想想"的话,已经脱离了它的原意。这些冠冕堂皇的话,实则是在给人扣帽子。大家心知肚明,这里的"别人"指的正是说话人自己。那么,我们可以将他说的话按照本意来理解,他实际上等于在说"请站在我的立场想想"。由此可见,尽管说话人好似在强调站在别人的立场、角度考虑问题的重要性,实际上却把话题转向了对自己有利的一面。从这可以看出,经常把"站在别人的立场想想"挂在嘴边的人,过分关注自身的感受,实际上是个十分自私自利的人。尽管他偷换了一个关键词语,但我们仍然可以通过联系语境,体会出他说话的本意。

语言是一种现象,人的欲望、需求、目的是本质。有些时候,语言会被人们刻意地披上美丽的外衣,如果细心,我们是可以透过这些华丽的外表看清其本质的。例如,"这么做不是很好吗?"从表面来看,句尾语气上扬一般表示疑问和询问。然而在此处,"这么做不是很好吗?"并不是在征求对方"好不好"的意见,而是把自己的"很好"这一意见强加给别人。在这里,这样的语气反而给人一种不容分说的感觉。

如果你和别人正在交谈,他忽然冒出一句"我抽支烟你不介意吧",这其实不是在征求你的意见,而是在确定你认同他的做法。如果是征求意见,他会说:"我能吸支烟吗?"不仅如此，有的人还把这种表达用在对自己的评价上，如："我不是很霸道吧？"这句话的潜台词就是："你也知道我有时候就是很霸道。"一般来说，这样说话的人习惯把自己的意愿强加给别人，他比较任性，认为"我说什么你只有听的份""我喜欢的人，你也该喜欢才对"。也正因如此，他很难融入周围人的圈子，别人对他的评价往往是自私自利。

第七章
谈话时的反应不容忽视

回应慢半拍的人,绝对没在听你说话

你正兴奋地和别人侃侃而谈,唾液横飞。这时,对方的回应却是"啥?你说啥""什么?我刚刚没听清,你再说一遍"……你是不是感觉自己像个小丑,在唱着寂寞的独角戏?遇到这样回应慢半拍的听众,相信不管你的谈兴有多高,你都没有兴致独自抱着"剧本"继续"唱"下去了,因为你心里十分清楚,他刚才绝对没在听你说话。

"啥?哦,那个啊……"这类句子都属于社交上的"自动防卫句型"。当对方说出这样反应慢半拍的话时,尽管他本身并没有在听你说话,但对你还是抱着尊重态度的。现在就让我们一起来看看其他几种"没在听你说话"的表现吧。

1. 打岔后东拉西扯

你的交谈对象绝对不是木讷之人,他会频繁地和你互动。然而奇怪的是,每次他打断你之后,都会和你东拉西扯,抛出的话题和正事毫不相关,让你简直难以应对。例如,你正和他讨论最近培训的一些问题,可是他却打断你,并且兴冲冲地说:"昨天我买了一个翡翠镯子,水头、颜色都很棒……""昨天我去游泳了，现在浑身疼痛啊！"这种人拥有跳跃性的思维，常常把人带离主题，为人比较自私，只谈自己想谈的话题。如果想让他认真聆听你的话，还是下辈子吧。

2.边看文件边听你说话

你的交谈对象很忙，他一边看文件，一边好像在听你说话，时不时还"嗯、啊、哦……"几声。其实，他多半没在听你说话。如果此时你有求于他，他也"嗯、啊"地答应了，事后你问起，他会十分肯定地说："我没说过啊。"别以为他是在狡辩，其实他根本没有听到你在说些什么。这是因为人类在信息处理方面大多依赖视觉，因此，当他认真看一份文件的时候，基本上会把你当成空气。所以学聪明点，给他留点空当吧。

3.不停地深呼吸和唉声叹气

他的心理对话是这样的："呼，吸，呼，吸……我都快睡着了，他还在唠叨些什么呢？我一句也听不进去啊！""唉，简直是折磨，他还要唠叨多久呢？唉！他在说什么？"

4.有点动静就东张西望

一根针掉地上了、有只蚊子飞过、短裙美女飘过、窗外的刹车声……这些通通逃不过他的法眼。只要有一点风吹草动，他的视线马上就跟随着去了。看到这，你还要继续说下去吗？他这样的状态表明，随便什么事都比你说的话有趣。实际上，他真的很难专注地听你说完，你是该把"话筒"转交给他了。

5.眼神涣散

如果你的交谈对象开始出现目光无神、眼神涣散的状态，说明他已经筋疲力尽了，甚至连假装听你说话的力气都没有了。他即使抬眼盯着你，也是直勾勾的，像是在看静物，而不是在看你。他觉得累了、无聊了，只想和你说再见。

摆出与众不同姿势的人，想要发表自己的意见

人的姿势一般分为坐姿、站姿、走姿、睡姿等。一个人的姿势往往能体现出其内心的暗示。在与人交谈时，我们可以从他坐的方式、坐的姿态、坐的距离，或者站的角度、站的方向等不同的身体语言，来窥探其真实意图，了解其心理动向。

1. 自信思迁型的坐姿

如果谈话对象对你摆出这种与众不同的姿势，这代表他们想发表自己的意见。他们通常会将左腿交叠在右腿上，双手交叉放在腿内侧。他们具有较强的自信心，特别坚信自己对某件事情的看法。如果他们与你发生争论，可能他们并没有在意争论的观点，只想表达自己的想法，完全不在意你说的话。

他们天资聪明，总能想尽一切办法，尽最大努力去实现自己的梦想。虽然他们具备"胜不骄，败不馁"的品性，但当完全沉浸在幸福之中时，也会有些得意忘形。这种人很有才气，而且协调能力很强。在他们的生活圈子里，他们总是充当领导的角色，周围的人对此也都心甘情愿。不过，这种人有一个不好的习性，就是喜欢见异思迁，常常是"这山看着那山高"。

2. 投机冷漠型的坐姿

这种人通常将右腿交叠在左腿上，两小腿靠拢，双手交叉放在腿上。他们看起来往往非常温和可亲，状如菩萨，很容易让人产生亲近感，但事实却恰恰相反。当你找他谈话或办事时，他一副爱搭不理的样子，让你不禁反思："我是否看花了

眼？"你没有看花眼，你的感觉很正确，他们不仅个性冷漠，而且性格中还有一种"狐狸作风"。对亲人、对朋友，他们总要向人炫耀他那自以为是的各种心计，以致周围的人不得不把他们视为心理不健全的类型。他更不会听进去你说的只言片语，只想发表自己的想法。他做起事来总是三心二意，还经常向人宣扬他们的"一心二用"理论。

3. 放荡不羁型的坐姿

放荡不羁型的人坐着时，常常将两腿分开较宽距离，两手没有固定的放处，这是一种开放的姿势。他们喜欢追求新意，偶尔成为引导都市消费潮流的"先驱"。他们对于普通人所做的事不会满足，总是想做一些别人不能做的事，或者不如说他们更喜欢标新立异。如果你和他们交谈，他们表面上会装出一副认真聆听的样子，但是思维早已不知游走到什么地方去了，他们最喜欢你静下心来听他们侃侃而谈。

这种人平常总是笑容可掬，最喜欢和他人接触，而且他们的人缘也确实颇佳。因为他们不在乎他人对自己的批评，这是别人很难做到的。从这方面来说，他们很适合从事社会活动家或类似的职业。

4. 古怪型的站姿

古怪型的人常常双脚自然站立，偶尔抖动一下双腿，双手十指相扣放在胸前，大拇指相互来回搓动。这种人的表现欲望十分强烈，喜欢在公共场合大出风头。倘若你和他们交谈，他们不会给你机会插嘴，只想发表自己的意见。

他们喜欢争强好胜，容不得别人。如果大家都说太阳是圆的，他们一定会说是方的；若大家都说是方的，这种人肯定会问大家："太阳怎么会是方的呢？"他们不是愚蠢，而是十分聪明。大家都不能把井里的月亮捞出来,他们就行,不信?他们只用一个洗脸盆就办到了。

5. 抑郁型的站姿

抑郁型的人通常两脚交叉并拢,一手托着下巴,另一只手托着这只手臂的肘关节。这种人多数为工作狂,他们对自己的事业很有自信,工作起来十分投入,废寝忘食对他们来说是家常便饭。他们的另一半更是经常被冷落在家,幸亏他们的伴侣多是理解型的。

这种人更为引人注目的是他们的多愁善感,从他们丰富的面部表情就可以看出,他们喜怒无常,甚至在言行中也表露无遗。刚才还在与你喜笑颜开、夸夸其谈,突然脸色就沉了下来,一句话也不说,最多时不时地在你们的谈话中苦笑一下,显得很深沉。他们有很强的表达欲,只是有时候忽然不知道从哪儿开口说起。他们对这个世界很有爱心,可以经常看到他们的奉献精神。他们也很坚强,一般不会向人屈服,也不会因为重重摔了一跤,就不再继续在充满泥泞和荆棘的道路上前行。

说话间隔时间长的人,喜欢做逻辑分析

某公司下午紧急召开会议,然而公司负责人在中午却喝多了。他摇摇晃晃地掏出秘书午饭期间赶写的发言稿,大声地朗读起来。读到一段话的末尾,领导字正腔圆地说道:"括号,此处有停顿,鼓掌……"大家愣了片刻之后,哄堂大笑。当然,这仅仅是一则笑话,但是它也反映出说话语句间隔和缓急变化

的重要性。

人类平均一分钟可以说150个字到200个字,每句话之间的间隔时间在1~2秒。每个人的说话习惯不同,有的人说话简直像连珠炮,一刻不停歇,让人听了都感觉累。而有的人说话速度正常,但句与句之间的间隔时间特别长,有时听得人都快睡着了。别以为他是慢性子,有这样的表现恰恰表明你的谈话对象是个喜欢深思熟虑的人,他所说的每一句往往都经过反复思考。他平时给人的印象是冷静、有条理、做事理智。当然,他也会习惯性地怀疑别人。如果你和他交谈,辅以书面材料或研究数据,会比你夸夸其谈有效得多。别以为你们交情很深,他就会感情用事。其实,他这人最看重事实,喜欢做逻辑分析。

可见,从一个人说话间隔的时间和说话速度,可以分析出他的个性和心理。现在,就让我们一起来看看其他的说话频率特点吧。

1.说话没有停顿点的人,喜欢吸引你的注意

这类人有时自信,有时自大,主观意识很强。他们说起话来总是滔滔不绝,几乎没有停顿。想让他们听进去你说的话,还真不是件容易的事,他们更喜欢你能专注于他们的谈话。如果你试图打断他们,他们会明显不高兴。他们喜欢吸引你的注意,如果你对他的谈话表现出浓厚的兴趣,他们会变得很友好。

2.说话缓慢平稳的人,喜欢和你分享生活经验

听他说话,你会感叹:"他说话简直就像电视科普节目的旁白啊!"是的,这就是他说话的频率特点。他表现得很成熟、理性、随和,总喜欢和你分享一些生活经验。你和他沟通不会感到压力,他总是从客观的角度看待事物,并且对你十分友好。

3.说话速度由慢转快的人,是为了掩饰内心

如果你的谈话对象说话速度忽然由慢转快，这表明他非常紧张或着急。他想掩饰自己内心的真正想法，想以较快的语言速度来干扰你的判断。当然，如果他谈到的话题正好是自己比较感兴趣的，一般也会出现语速忽然间加快的现象，这就需要根据具体的语境来判断了。

4. 说话速度由快转慢的人，对你有所怀疑

如果你的谈话对象说话速度忽然由快转慢了，你要好好审视一下你的谈话重点了。一般他们出现这样的反应，表明已经开始对你有所怀疑了，甚至对你有隐隐的敌意。通过放慢语速，他们想强调自己内心的想法和观点，也想告诉你他们有不同的意见。如果此时你不能掌握他们释放给你的信息，他们的敌对心态和怀疑将会进一步加深。

从坐椅子的方式，
看对方是否用心听你说话

小汪和小李是下任总经理的候选人，两人要合作完成一项公司项目。他们在办公室里商量事宜。小汪把椅背朝前，骑跨在椅子上，双手交叠俯在椅背上。小李坐在一旁的凳子上，过了一会儿，他站起来，以一种俯视的视角望着小汪。两人都无法定下心来听对方说话，最后谈话不欢而散。

从这个例子可以看到，小汪和小李既是合作者，又是竞争者。这种微妙的关系也体现在了两人坐椅子的方式上。小汪摆出了一个骑跨椅子的姿势，这个姿势显然让小李感到了无形的

压力,于是他选择站起来。透过这些细节我们可以看出,两个人一心想在气势上压倒对方,根本无心听对方具体在说些什么。

坐椅子的方式分为骑跨椅子、浅坐椅子前沿、深深坐在椅子里等。我们可以通过观察谈话对象坐椅子的不同方式,来判断他是否在用心听你说话。

1. 骑跨椅子

"骑跨"是比较另类的坐椅子方式,在生活中,这样的姿势不是很常见。如果你的谈话对象在听你说话时采取了这样极端的姿势,这表明他对你有很深的抵触情绪,甚至带着进攻的意味。一般这样的姿势在男性中比较常见,因为骑跨在椅子上时,两腿能够大角度地分开,可以彻底展示胯部,显现出动作者的雄性特征。这样的人通常支配欲望很强,他们倾向于控制谈话,并习惯以自己的观点影响他人。所以,当发现你的谈话没有按照他的预想进行时,他就会对此次谈话产生厌烦情绪。这时,他意识中的控制欲望就会支配他使用一些身体语言来传达影响力,他会很自然地从正常坐姿转换到骑跨椅子的坐姿。如果此时你十分专注于自己的"演说",甚至都发现不了这一点。其实,他早就无法用心听你谈话了。

2. 浅坐椅子前沿

如果你的谈话对象只坐在椅子的前沿,这表明他心里缺乏安定感。他心里的想法是:"赶快把话说完吧,我真想马上离开这里。"表面上,他好像在认真地听你说话,但是否真的听进去了却值得怀疑。由于他坐得浅,上半身探向你,这表示他想以自己的想法来说服你,他还真没有办法使自己安下心来好好听你讲话。

3. 深坐在椅子上

深深地、舒服地坐满整个椅子面的人，心中的想法是："多花点时间慢慢地和你聊一聊。"他是个信心十足、坚毅果断的人，他认为比起说服你，和你深入的沟通更重要。但是，你和他交流之后发现，他的独占欲很强，有时候不由自主地就想干涉你。大部分时候，他能用心听你说话，但是你要给他足够的时间谈自己的想法，他喜欢按照自己喜欢的步调生活。

交谈时不断摸头发的人，喜欢说"问心无愧"

当交谈的人与你面对面坐着或站着时，总喜欢不时地摸一摸头发，你可能会觉得他是不是做了新发型，在吸引你的注意力。其实不然，这种人就算是独自在家看电视，也会每隔三五分钟就"检查"一下头发上是否沾上了什么不好的东西。他就是享受这种"过程"，对事情的结果却毫不在乎。因此，如果他为之努力和奋斗了许久的事情失败了，你别想从他的脸上找到一丝丝懊恼，他通常会说："我问心无愧，因为我去努力了，去干了！"

生活中，这类人不在少数，他们大都性格鲜明、个性突出、爱憎分明，尤其疾恶如仇。假如公共汽车上有小偷，而乘客恰恰都是这类人，那么这个小偷可就"悲惨"了，他一定会被当场打个半死。这类人一般善于思考，做事细致，但大多缺乏对家庭的责任感。他们对生活的喜悦来源于追求事业的过程,这句话听起来有点玄乎,不过仔细想来你就会明白,喜欢努力和奋斗的人,往往不在乎事情的结局。

许多人在说话时,往往会伴随着一些动作。这些动作,有的是习惯形成的,有的则代表一些心理暗示。像交谈时摸头发、抖腿或打手势等身体语言动作,往往透露着说话者的某些强调或附加含义,还反映着不同人的心理及性格特征。现在就让我们一起来看看这些不容忽视的动作都对应着什么样的人吧。

1. 交谈时不断抖腿的人,爱制造"醋海风波"

无论是开会,还是与别人交谈,有些人总喜欢抖腿,或者用脚尖点地带动整个腿部颤动,有时候还会用脚尖磕打脚尖,或者以脚掌拍打地面。当然,这种行为举止难登大雅之堂,但习惯者却习以为常。

设想一下,倘若你的谈话对象完全不顾及你的感受,也不认真倾听你到底说了些什么,只是自顾自地抖起了腿,一副爽得一塌糊涂的样子,我想,你肯定有一种把水泼到他脸上的冲动。是的,这种人最明显的表现是自私,很少考虑别人的心情,凡事从利己的角度出发。如果是男性,他和妻子的关系也好不到哪儿去。因为这种人对妻子的占有欲望也特别强,经常会无缘无故地制造一些"醋海风波",在这个问题上说他具有"神经质"一点也不过分。他对别人很吝啬,对自己却很知足。据说"守财奴"欧也妮·葛朗台就有这个"良好"的习惯。不过,这类人也不是毫无优点,他们通常很善于思考问题,会给周围的朋友出一些意想不到的主意。

2. 边说话边打手势的人,爱扮演"护花使者"

你的谈话对象喜欢边说话边打手势,只要他们的嘴一动,就一定会伴随一个手部动作,比如摊双手、摆动手、相互拍打掌心等，好像总是在对自己说话的内容进行特别强调。事实上，他们也相当自信。他们通常做事果断，性格外向奔放且踏实肯干。这样的性格使他们在事业上大都小有成就。无论在何种场合，他们都习惯把自己塑造成一个领导型人物，很有男子汉的气派。这类人去演讲一定会极尽煽动人心之能事，他们是气氛的活跃剂，良好的口才时常让你不信也得信。他们与异性在一起时表现得尤其兴奋，总是急于向人展示自己的"护花使者"身份。当然，他们对朋友相当真诚，但通常不轻易把别人当成自己的知己。

3. 说话时紧盯你的人，看起来像"花花公子"

有些人在和你谈话时会目不转睛地看着你，他们的目光冷冷的，好似透视光，让你总有一种想逃的感觉，根本无暇顾及他们说了些什么。

在生活中，这种人也常常盯住一个人不放，当然，并不是说他看上了这个人。他们的支配欲望往往很强，而大多数时候他们确实又都有某种优势，他们仿佛也特别幸运，占不到天时、地利，就一定能占到"人和"。因此，只要有机会，他们就会向别人表现自己，这使他们的行为时常看起来像花花公子。但有一点值得肯定，他们在大是大非面前很懂得把握自己。如果选定了人生的目标，就一定会去努力实现。不过，他们又不喜欢受束缚，经常我行我素。另一方面，他们比较慷慨，因此他们周围总是围绕着一些相干和不相干的人，自然，有真心的，也有看中"酒肉"的。

总之，只要我们留意和细心观察，便可以从说话人的动作中窥探到他们的内心世界，从而了解这些人的性格特征。

说话时常清嗓子的人，可能在掩饰不安

通常，我们只要听到声音就会想到这个人，于是便有"闻其声而知其人"的说法。说话的声音和习惯能够反映说话人的心理。要判断一个人究竟是英才还是庸才，不一定非要见到他的庐山真面目，有时候听听他的声音就可以。

在比较正式的场合，如果遇到一个还没开始说话就清嗓子的人，你基本可以断定，他这是由于紧张和不安。如果有人在说话过程中并非不间断地清嗓子，而只是偶尔一两次，这多半表明他对你说的问题并不是十分认同，还需要仔细考虑、认真商定一下。有时候，陌生人之间故意清嗓子还表示一种警告，往往是为了表达自己的不满情绪，同时也包含着向对方示威、挑战的意思，仿佛在告诉对方自己可能会不客气："你尽管放马过来吧！"

如果一个人说话的时候不断地清嗓子，那说明此人对自己的话根本没有信心，他只是为了掩饰自己的不安，而且这种人具有杞人忧天的倾向。再则，如果男性出现叼咬烟头、用唾液润湿烟头的动作，多半表明他的心理不成熟，也没有主见。反之，说话慢条斯理的人，通常都是心中多有主见的人。

讲话慢条斯理的人，在讲话之前会充分考虑好自己的言语或表达方式，然后再说出来，所以他们往往表现得胸有成竹。而且这样做更容易表达自己的意思，可以提高沟通的效率。通常，他们面对问题的时候不会鲁莽和急躁，有自己的主张和见

解，不会事事都询问他人，当然，也绝不是从不听取别人的建议。这是因为这种人通常头脑极为冷静，能看清事态的发展和变化，关键的时候能拿主意，但绝不是逞能。如果遇到困难，即使内心不安，也不会表现在脸上。他们在生活中也比较沉稳，做事有计划、有条理，不至于活在忙碌和烦躁之中。

第八章 从头部动作看认可与否定

点头如捣蒜,表示他听烦了

　　点头是最常见的身体语言之一,它可以表达顺从、同意和赞赏的含义,但并非所有类型的点头姿势都能准确传达这些含义。点头的频率不同,所代表的含义也可能不同。

　　缓慢的点头动作表示聆听者对谈话内容很感兴趣。当你表达观点时,你的听众偶尔慢慢地点两下头,这样的动作表明他们对谈话内容很重视。同时,由于每次点头间隔时间较长,还表现出一种若有所思的情态。如果你在发言时发现你的听众很频繁地快速点头,不要得意,因为对方并非赞同你的观点,很可能是已经听得不耐烦了,只是想为自己争取发言权,继而结束谈话。

　　刚刚大学毕业的明宇去一家单位面试,负责面试的是一个年轻女孩。问了几个常规问题后,她话锋一转,问起明宇的兴趣爱好。明宇随便聊了几本法国小说,张口雨果、闭口巴尔扎克地和她聊了起来。年轻考官好像很感兴趣,不住地对他点头。

　　见考官这么有兴致,明宇当然愿意奉陪。眼看临近中午,年轻的面试官不住地点头,还不停地看表,可明宇还没有停下来的意思。原定半小时的面试,他们谈了1个多钟头。面试结束,考官乐呵呵地说:"回去等消息吧。"明宇也乐呵呵地说:"希望以后有机会再聊。"明宇回去笃定地等着,最终也没有等到复试的通知。

从这个例子可以看出,听众在你发言的时候不停地点头,往往不是对你十分赞同,而是觉得你说话太啰唆,他们只是想借助这个动作示意你不用再多说。明宇在表达的时候不顾及他人肢体语言传达出的感受,一厢情愿地侃侃而谈,如此会错意,又怎么会有好的谈话效果?

同时,经过心理学家的实验证实,当对方做出"点头如小鸡啄米"这个动作时,他其实很难听清你在说什么。在被父母唠叨的小孩子身上,也能经常见到这样的动作。当父母说"你不能……"的时候,孩子会频频点头,嘴里叨念着"知道了,知道了"。这样的动作,恐怕真是答应得快、忘记得更快。

如果对方是真正赞同的点头,他会在你说完话后,缓慢地点头一到两下,这样表示他是在用心听你说话。如果他希望你继续提供信息,他会在你谈话停顿时,缓慢而连续地点头,这是在鼓励你继续说下去。点头的动作具有相当的感染力,能在人的心里形成积极的暗示。因为身体语言是人们的内在情感在无意识的情况下所做出的外在反应,所以,如果对方怀有积极或者肯定的态度,那么在你说话的时候他就会适度点头。

鼻孔扩张的人情绪高涨

有位研究身体语言的学者,为了弄清鼻子的"表情"问题,在车站、码头、机场等不同的地方观察人们的鼻子,专门做了一次观察"鼻语"的旅行。据他观察,人的鼻子是会动的。例如,在你和人沟通的过程中,若发现他鼻孔扩张,这表明他的情绪非常高涨、激动,正处于非常得意、兴奋或者是气愤的状态。从医学角度来看,人在兴奋和气愤的情况下,呼吸和心跳会加速,从而引起鼻孔扩张。

不只是人类,动物有时也会用鼻子来表达情绪。在动物的世界里,如果你仔细观察,一定会发现大多数动物喜欢用龇牙和扩张鼻孔的方式向对方传递攻击信号,尤其是像黑猩猩这样的灵长类动物。每当它们生气发怒的时候,往往会将鼻孔扩张得很大。从生理学上来说,它们这样做是为了让肺部吸入更多的氧气,但是从心理学上来说,它们正处于情绪高涨的状态,这是在为战斗或逃跑做准备。

除了鼻孔扩张之外,歪鼻子表示不信任;鼻子抖动是紧张的表现;哼鼻子则含有排斥的意味。此外,在有异味和香味刺激时,鼻孔会有明显的动作,严重时,整个鼻体会微微颤动,接下来往往就会出现打喷嚏的现象。

研究还发现,凡有高鼻梁的人,多少都带有某种优越感,他们很容易呈现出情绪高涨、饱满的状态。关于这一点,影视界的一些女明星表现得最为突出。与这类"挺着鼻梁"的人打交道,比跟低鼻梁的人打交道要稍难一些。而在思考难题、极度疲劳或情绪低落的时候，人们会用手捏鼻梁。这些鼻孔的变化以及触摸鼻子的动作，是解读他们身体语言的法宝。

让我们通过鼻子微小的变化，来探寻更多不为人知的身体语言信息吧。

1. 鼻子冒出汗珠

这表明对方心里焦躁或紧张。其个性比较强，做事有些急于求成。因为心情焦急紧张，鼻头才会出现发汗的现象。

2. 鼻子泛白

这表示对方心里有所恐惧或顾忌。如果对方不是你的对手，或与你无利害关系，鼻子泛白通常是由踌躇、犹豫的心情所致。另外，在自尊心受损、心中困惑、有罪恶感、遭遇尴尬时，也会出现鼻子泛白的情形。

3. 鼻头红

这种情况多与健康状况有关，比如长期饮酒、过量食用辛辣食物、情绪过于激动紧张、皮肤过敏等。除了这些，鼻头发红也可能暗示心血管疾病或者肝功能异常。如果鼻子呈现蓝色或棕色，要当心胰腺和脾脏的问题，如果鼻头发黑且干燥，则有可能是纵欲过度。

由此可见，鼻子虽然是人体五官中最缺乏运动的部位，但也有着自己的"语言"。当你观察一个人时，不妨从鼻子的"语言"入手去洞察对方。

下巴的角度是态度的分水岭

当你向一群人或朋友发表自己的意见时，如果你留心观察他们，可能会发现，在你发言的过程中，他们中的很多人会把手放在脸颊上，摆出一副估量的姿势。当你发言接近尾声，让他们对你刚才的发言发表一些意见或是看法时，有趣的现象便开始出现了：他们会迅速结束自己原先的估量姿势，将手移到下巴处，并轻轻地抚摸下巴。这时，每个人的下巴角度又各不相同。

下巴的动作一般分为抬高下巴和收缩下巴。下巴的角度不同，所代表的态度也不同，这可能暗示他们的决定是积极的还是消极的。你的最佳策略就是冷静地观察他们的下一个动作。

如果他们在抚摸下巴之后，将手臂和腿交叉起来，并将身体后仰靠在椅子上，抬高下巴，这种情况下，他们的最终决定可能是否定的。一旦出现此种情况，你大可不必惊慌，因为事情还没有到完全无法挽回的地步。此时，你应迅速征求他们的意见，请他们说出心中的疑惑和不满，然后进行解答。这样一来，那些原本心存疑惑、情绪不满的听众很可能会改变他们的决定。

如果他们在轻轻抚摸自己的下巴后，身体后靠，同时手臂张开，下巴的弧线内敛，这就表明他们的决定很可能是肯定的。一旦出现此种情况，你就可以接着在台上尽情地"纵横驰骋"。

下巴的动作除了和对方态度的认可与否定相关外，下巴的角度还和威严、傲慢感有关。我们观察以动作片闻名的男影星的海报时就会发现，他们总是以高抬的下巴来彰显自己的雄性特征。抬高下巴的姿势大多时候都会给人一种盛气凌人的感觉。

有一位女总裁出差时，与下榻宾馆的服务人员发生了一点争执。她坐在沙发上，对方站在她的对面。女总裁说："你不用说了，把你们经理找来。"她说话时，高高抬起下巴，但并非为了把视线落在站着的服务生身上，因为她望向了另一边。

当对方的视线位置比我们高时，我们可能会抬头与他讲话。但这里的女总裁显然不是出于这个目的才高抬下巴。她高抬下巴显示出一种傲慢和自认为高人一等的态度，高抬的下巴和望向另一边的视线都在向对方表明"对继续谈话没有兴趣"。

下巴高抬的角度表示高人一等有着它的渊源。我们必须承认，高度在很大程度上能影响一个人的气场，虽然这不是绝对的，但从更广泛的范围来看，我们发现领导者的身高对他的形象塑造起着非常重要的作用。然而，身高通常是由先天决定的，无法更改。但人们乐于从任何细节上来提升"身高感"，比如高抬下巴。动作者潜意识里想要比对方高出一些来，于是用伸长脖子并且下巴高抬的姿势来强调这一点。

下巴收缩的角度则代表一种小心翼翼的畏惧感。爱收缩下巴的人与喜欢高抬下巴的傲慢人士性格截然相反，他们谨言慎行，凡事都很小心，所以能够办好手头上的工作。但他们只注重自己眼前的工作，相对保守和传统。

下巴的动作虽然轻微，但是我们可以通过下面这些影射内心的"投影机"来解读他人。

1. 表示愤怒的下巴

愤怒的人下巴往往会向前翘着，这通常也表达着威胁和敌意。观察那些不听话的小孩，在回答"不"之前，他们做的第一件事就是挑战般地翘起下巴。

2. 表示厌倦的下巴

当你看到他双手平展，轻叩下巴下面数次，这表明他正感到十分厌烦。最初，这一动作只是表示某人吃饱喝足、无所事事，而现在，它更多地暗示着某人的厌倦之感。

3. 表示全神贯注的下巴

当你看到有人轻轻地、缓慢地抚摸下巴，就像摸着他的胡须一样，你最好不要轻易打扰他，这表明此人正在集中精力思索或聆听。

下巴的角度是态度的分水岭，也是了解个性的媒介。如果你想了解自己是被接纳还是被拒之千里，那么不妨看看他的下巴。

笑容可以表露人心

有一首歌叫《你的笑容出卖了你的心》，实际上，笑的方式和一个人的性格存在着一些必然的联系。

捧腹大笑的人多是心胸开阔的人。当别人取得成就时，他们会真心祝愿，很少产生嫉妒心理；在别人犯了错以后，他们也会给予最大限度的宽容和谅解。这样的人幽默感较强，通常会给别人带来无穷的快乐。

经常悄悄微笑的人，性格比较内向、害羞。同时，他们的心思非常缜密,头脑异常冷静,在任何时候都能让自己跳出所在的圈子,以局外人的身份冷眼观察事情的发生和进展情况,这样更有利于自己做出各种决定。这样的人特别善于隐藏自己,你很难看清他们的真面目。

有些人平时看起来沉默寡言,显得有些木讷,但笑起来却一发不可收拾,或者经常放声狂笑,直到连站都站不稳。这样的人性情直爽,特别适合做朋友。他们看上去也许不够热情、不够亲切,有时候甚至会让你觉得特别难以接近。实际上,他们特别注重友情,是那种在关键时候能为你两肋插刀的人。

笑的幅度非常大,全身都在打晃的人,性格多直率和真诚。和他们做朋友是不错的选择,因为他们往往会直言不讳地指出朋友的缺点和错误,不会为了不得罪人而视而不见。他们不吝啬,在自己能力许可的范围内,对他人的需要总是会给予帮助。这样的人大多讨人喜欢,有广泛的社会关系。

笑出眼泪来,通常是由于笑的幅度太大,经常出现这种情况的人,感情多是相当丰富的,富有爱心和同情心,生活态度积极乐观。这样的人有一定的进取心和取胜欲望,他们可以帮助别人,并适当地牺牲一些自我利益,却不求回报。

小心翼翼地偷着笑的人,性格大多非常内向保守。同时,他们在为人处世时又会显得有些腼腆。不过,他们对他人的要求往往很高,如果达不到要求,常常会影响自己的心情。实际上,这样的人是可以与你患难与共、肝胆相照的。

看到别人笑,自己就会随之笑起来的人,大多是开朗的,比较情绪化,富有一定的同情心。他们对待生活积极乐观,不会被困难吓倒。

笑起来断断续续,笑声让人听起来很不舒服的人,大多性情冷漠。他们比较现实，不会轻易付出。笑起来断断续续，声音又尖锐刺耳的人，多具有一定的冒险精神，且精力比较充沛。这样的人感情比较细腻和丰富，生活态度积极乐观，为人比较忠诚和可靠。

笑起来声音柔和而又平淡的人，性格多沉着稳重，在大是大非面前大多能够保持头脑清醒和冷静。这样的人大多通情达理，能够设身处地为别人着想，善于处理矛盾，也善于化解纠纷。如果只是微笑，并不发出声音，这样的人多是内向而且感性的人，性情比较低沉和抑郁，情绪化比较强，极易受他人感染。

笑起来发出"咯咯"声的人，大多是能够严格要求自己的。这样的人想象力比较丰富，创造性也很强，常常会有一些惊人的举动。他们通常很有幽默感，这是聪明和智慧的一种自然流露。

倘若一个人在不同的场合可以发出不同的笑声，那么这样的人大多比较现实，而且反应能力特别快，善于处理各种各样的复杂问题。

模仿你打哈欠，
是"认同你"的开始

我们经常说打哈欠会传染，通常一群人中有一个人做出这个动作，其他人就会接连打哈欠。关于其原因，科学家们还不是很清楚。但身体语言专家亚伦·皮斯认为，哈欠是一种模仿行为。我们不讨论这个动作本身的含义,而是探究后来者进行模仿这个事实的含义。

对肢体语言同步现象的研究显示,如果人们彼此之间有着相似的情绪,或是具有相同的思路,他们就很可能互相产生好感,并且会开始模仿对方的肢体语言以及面部表情。也就是说,模仿的产生不仅仅源于外在的相似性,正是因为内在的某些相似性,人们才会从"打哈欠"这样的动作开始模仿,而反过来,从模仿中他们也能找到"同类者"。

跟他人保持"同步"是人与人之间的一条纽带。有一个有趣的说法是,当我们还是子宫中的胎儿时,就已经开始学习"同步",因为我们的身体功能和心跳节奏都会尽量与母亲保持一致。所以,模仿可以说是人类与生俱来的一种倾向。

1. 模仿使人安心

我们和陌生人打交道时,通常会仔细观察他们是否会"模仿"自己的行为与姿势,比如,一个哈欠、一个手部动作等。因为,如果他们对我们的肢体动作进行模仿,就代表着他们认同了我们、接受了我们,这是建立友善关系的开始。所以,当我们看到对方模仿自己时,就好像看到了自己的朋友,心里会产生一种亲切感。

比如,一个刚认识的朋友到你家里做客,他可能会感到很拘谨,尤其是在餐桌上。他会担心自己的习惯和你家里不合拍,于是会小心谨慎地先看看你和家人怎么做,然后模仿你们的做法。又比如,一个刚转到另一所学校的学生,课间休息时会感觉很不安。于是,他可能会观察其他同学都在干什么。如果发现大家都出去进行体育活动,想要迅速融入这个集体的人,就会克服自己的紧张情绪,走出教室,做出活动姿势,并在心里期待其他同学能够邀请他加入。

2. 模仿获取认同

模仿是人类的一种社交工具，它帮助我们的祖先成功地融入群居生活。不仅如此，模仿还是最为原始的学习方法之一。理解模仿行为的含义是肢体语言学习中最为重要的课程之一，因为这是其他人向我们传达首肯或好感的最显而易见的方式。同样，我们也可以通过模仿其他人的肢体语言，直接而便捷地让他们感受到我们的善意。

一个高明的推销员曾经对同行们这样说：当客户开始模仿你的动作，就是他们认可你、认可你产品的前奏。这时，你不妨假装不经意地模仿客户的动作，彼此的认同感就会增加，最终客户将接受你向他们推销的产品。模仿为什么会获得认同感？一个很可能的原因是，人都有自恋的情绪。模仿在这里被视为一种恭维的暗示，被恭维的人就很容易解除防线，接受外人的建议。

3. 被模仿者才是主导者

有模仿行为，必然存在被模仿的原始行为。虽然两者都有着相似的表象，但内部体现出来的权力差别却很大。模仿也可以看作是一种学习行为：对方在学习你的一举一动，促使他这样做的原因是他对你的尊敬或者喜爱，他认为你身上有比他更具优势的地方。所以，优势地位是在被模仿者这一边。

小王想找老李借钱，于是来到老李家。他没有一上来就表明来意，而是跟老李聊天。然后小王发现，老李很爱模仿妻子的动作。当妻子叹气时，老李紧接着也叹气；当妻子喝茶时，老李也端起了杯子。于是，小王把主要沟通对象确定为李太太，向她表明了借钱的愿望，并且阐述了一系列理由以及按时还钱的保证。

小王很注意观察夫妻之间是谁在模仿谁，因为这可以揭示出谁在家庭中权力更大，或者能够做出最终决定的人到底是丈夫还是妻子。如果妻子首先做出某些动作，不管这些动作多么细微，如双腿交叉、手指交缠或是做出思考的姿势，只要这个男人跟着模仿，那么就可以确定让这个男人做决定是毫无意义的——因为他根本就没有做决定的权力。

4. 模仿改善关系

模仿也可以影响其他人对你形成的印象。如果一位老板期望与一个拘谨紧张的员工建立亲善关系，并且营造出轻松的谈话氛围，那么他可以通过模仿这个员工的肢体语言来达到这个目的，这样对方就会觉得你很平易近人。

不过需要说明的是，能在双方间产生亲和感的模仿动作，都应该是没有攻击性的，也不应该是炫耀意味过浓的姿势，否则将会引起对方的不快和反感。

第九章

眼神和视线透露了意识和喜好

走路时视线向下的人凡事精打细算

眼睛是心灵的窗户,所以,一个人的想法经常会从眼神中流露出来。研究发现,一个人的视线,尤其是独自走路时无意识流露出的视线,往往会在无意间展露出其内心的想法以及喜好。

正常人在走路时视线会落在前面3米至6米的位置,视角通常是75度。当有人告诉你有危险,或自己感觉到有异常时,人走路时视线的角度会发生很大变化,视线可能会聚集在前面1米左右的位置,角度非常小,步幅自然也会减小,以此来应对突发的变化。但是,如果你细心观察就会发现,生活中很多人在平时走路时视线都是向下的,颇有"走自己的路,让别人去说"的意味。这样的人往往比较内向,他们心机比较重,为人谨慎、多疑,看似无心,实则总是在思索。与他们交流时,你能感觉到,他们只对能带来实质性收获的交流感兴趣,并且十分重视家庭生活。

在与人交往的过程中,如果你希望深入了解他人的喜好、秉性,就需要多留意他人的视线。下面就来讨论不同视线区域可能反映出的他人特质。

1. 走路时视线朝上

这类人走路时,视线通常朝上,会配合轻快悠闲的步伐,头微微上仰,双手插在口袋里。如果你在路上遇到他,可能他还哼着小曲儿。这类人往往个性质朴,活得轻松自然,喜欢自然界的一切美好事物。一朵花、一只小狗、一顿晚餐,都能为他们带来身心的满足。

2. 走路时习惯平视

这类人个性认真,凡事喜欢就事论事,多半不喜欢拐弯抹角,也不喜欢浪费时间,属于务实派。

3. 走路时盯着某物直瞧

平时很容易见到这类人,吸引他们目光的可能是一支笔、一只猫。其实,真正吸引他们的通常和他们正在处理的事情相关。这类人往往专注力强,此时,他们正沉浸在自己的世界里天马行空。这类人喜欢谈论目前手头正在进行的事务。

4. 走路时喜欢东张西望

走路时喜欢东张西望的人,往往专注力不强。这类人很容易受到外界的干扰,总是漫不经心,好奇心比较重,喜欢新鲜的人、事、物。如果你和这样的人讨论问题,他往往会反复询问相同的问题。是的,他根本没有仔细听。这就是小时候老师常常批评的"注意力不集中"。

总之,每个人走路时的视线区域各不相同,了解这些细微差别,你就可以从这些习以为常的动作中洞察人心。

避开视线、
延长眨眼时间是讨厌的信号

视线传递出一种关注感,被视线关注的人往往会自然地用心聆听凝视者的话。视线还有其他的魔力,透过视线,你可以了解他人的心态和情感。

当你发现别人竭力避开你的视线或者延长眨眼时间的时候,肯定是有什么事情让他们觉得不对头。他也许不喜欢你,或者对你不感兴趣;也许是在自我保护,或者有事隐瞒;也有可能是不知道怎么面对你,或者仅仅是害怕你。

当对方的眼神快要跟你的眼神交会时,却突然避开你的视线,虽然表面上没有拒绝跟你说话,但实际上已经传递出不想再继续交谈下去的信息。这既表明其不想再听你说话,也没有认同你的意思。如果某人避开视线故意让你看出来,这样的人通常比较极端,这体现出他们对你抱有敌意与嫌恶,而且毫不隐藏地表现出来。如果在谈话期间,对方视线一直不肯和你有交集,恐怕是因为对方讨厌你,也有不想被你左右的意思。

心理学家达尼尔曾说过这样一句话:"敢于与对方做眼神接触,表现了一种可信和诚实;而缺乏或怯于与对方进行眼神接触,可以被解释为不感兴趣、无动于衷、粗蛮无礼,或者是欺诈虚伪。"事实也往往如此。一家医院在分析了收到的大约1000封患者的投诉信后归纳得出,大约90%的投诉都与医生同患者缺乏眼神接触相关,而这种情况往往被认为是"缺乏人道主义精神或同情心"。

为什么有些人和你说话时,你会感到舒服?而有些人和你说话却会令你感到不自在?还有一些人在和你说话时甚至会让你怀疑他们的诚信?这是因为眼睛能够洞察人们内心的想法。会面的两个人如果彼此较多地注视对方的眼睛,那就代表他们彼此都很感兴趣,或者对所谈的话题充满热情。相反,如果话不投机,彼此就会尽量避免注视对方,以此缓解紧张的气氛。

当然,如果对方不喜欢你,也可以通过延长眨眼时间来传达讨厌你的信号。在正常情况下,一个人眨眼的频率是6~8次/分钟,每次闭眼的时间仅仅为1/10秒。但是,在某些特殊的情况下,为了特定目的或表达特殊的情感,一个人可以故意延长眨眼的时间。如果你凑巧遇到某个人对你做出此种姿态,就得留意他此举的含义了。

这里所说的延长时间,并非指他迅速地眨眼,再隔很长一段时间才进行下一次眨眼动作,而是指每一次眨眼动作的时间被拉长。要实现这一点,人们在每次眨眼时,眼睛闭上的时间就要远远长于正常情况下的1/10秒。

为什么会出现这种情况呢?他自己可能并没有意识到这个动作,只是潜意识里这样做了。事实上,这是因为他对你感到厌倦,觉得与你谈话很无趣。在谈话中,如果我们发现对方对自己做出这样的动作,就需要提醒自己,是否谈话内容实在不能引起对方的兴趣。因为这种动作表明他已经不想再跟你继续讨论下去,所以他每次眨眼时眼睛会闭上1~2秒甚至更长的时间,希望你从他的视线中消失。如果你在讲话时,发现你的听众开始有拉长眨眼时间的行为,甚至同时伴有打哈欠的情况,就可以考虑结束这次对话了。

难怪美国哲学家埃默森说:"人的眼睛比嘴巴说的话更多,不需要语句,我们就能从彼此的眼睛了解整个世界。"

握手时一直盯着你的人,
心里想要战胜你

在西班牙斗牛的节目中,那些被激怒的公牛会在角斗之前,瞪圆眼睛一直盯着对方。在这点上,人类也是一样。世界上大多数国家的人都不会对不熟悉的人进行直视,一直盯着对方会被认为是没有教养的表现,甚至被看成是一种故意挑衅的行为。当某人和你握手时,一直直视你,甚至盯住你不放,这其实是对你的挑衅,其内心是想要战胜你。

目光接触是非语言沟通的主要渠道,是获取信息的主要来源。人们对目光的感觉是非常敏感、深刻的。通过目光接触来洞察对方心理活动的方法,我们称之为"睛探"。目光接触可以促进双方谈话的同步化。在对方和你交谈时,如果他用眼睛正视你,你可以更有效地理解他的思想感情、性格、态度。同时,通过"睛探",可以更好地从对方的眼神中获取反馈信息,及时对自己的说话内容进行必要的调整。通过这样的审时度势,一旦发现问题,可以随机应变,采取应急措施。

如果遇到和你握手时一直盯着你的人,并且他对你的注视时间超过5秒,这人除了想在心理上战胜你之外,往往还对你带有一种威胁意味。这种盯视还会被用到其他场合,例如,警察在审讯犯人的时候通常会怒目而视,这种长时间的对视会给拒不交代罪行的犯罪者带来无声的压力和威胁。有经验的警察常常凭借目光威慑罪犯。

可见，即使是罪犯也不喜欢别人用眼睛紧紧盯住自己。因为被人紧盯之后，心里就会产生威胁感和不安全感。事实上，在你和对方握手、交谈时，如果遇到长时间盯着你的人，由于其眼神传递出来的信息产生了负面效应，你从他的视线中感受不到真诚、友善、信任和尊重。

在生活中，人的角色是多样的，眼神可以传递不同含义的信息，而影响一个人注视你时间长短的因素主要有三点。

1. 文化背景

文化背景不同的人，注视对方的时间可能存在很大的差异。在西方，人们谈话的时候，彼此注视对方的平均时间约为双方交流总时间的55%。其中，当一个人说话时，他注视对方的时间约占其说话总时间的40%，而倾听的一方注视发言一方的时间约占对方发言总时间的75%；他们彼此相互对视的总时间约为35%。所以，在西方国家，当一个人说话时，对方若能较长时间注视他的眼睛，这会让说话的人感到非常高兴，因为他认为对方这样做，说明对方很在意他的讲话，或者很尊重他。但是，在一些亚洲和拉美国家，如果一个人说话时，对方长时间盯着他看，会让他感到不舒服，并认为对方很不尊重他。比如，在日本，当一个人说话时，如果你想表达对他的尊敬之情，就应该在他发言时尽量减少眼神交流，最好能保持适度的鞠躬姿势。

2. 情感状态

一个人对他人的情感状态（比如喜爱或厌恶），会影响到其注视对方时间的长短。比如，当甲喜欢乙时，通常情况下，甲会一直看着乙，这会让乙意识到甲可能喜欢自己，因此乙也可能会喜欢上甲。如此一来，双方眼神接触的时间会大大增加。换言之，若想和别人建立良好关系，你应有60%～70%的时间注视对方，这就可能使对方也逐渐喜欢上你。所以，你就不难理解那些紧张、胆怯的人为什么总是得不到对方信任了。因为他们和对方对视的时间不到双方交流总时间的1/3，与这样的人交流，对方当然会产生戒备心理。这也是在谈判时，应尽量避免戴深色眼镜或墨镜的原因。因为一旦戴上这些眼镜，就会让对方觉得你在一直盯着他，或是试图避开他的眼神。

3. 社会地位和彼此的熟悉程度

在很多情况下，社会地位和彼此的熟悉程度会影响一个人注视对方时间的长短。比如，当董事长和一个普通员工谈话时，普通员工就不应该在董事长发言时长时间盯着他，否则，董事长会认为你在挑战他的权威，或者你对他说的某些话持有异议。这样一来，肯定会在他心里留下不好的印象。所以，和领导或上级谈话时，最好不要长时间盯着对方，可以采取微微低头的姿势，同时每隔10秒左右和对方进行一次视线接触。不太熟悉的两人初次见面时，彼此间眼神交流的时间也不宜过长，如果一方说话时，另一方紧紧盯着对方，肯定会让对方感到非常不舒服。

从镜框上方看人，是审视的表现

许多电影里的搞笑镜头都有这样的画面：犯错的年轻女孩

低眉顺眼地站立着,一个保守、严厉的老学究从镜框上方打量着她,久久不说话……如果你遇到眼神从镜框上方延伸出来的人,这表示他对你所说的话充满怀疑,他希望从你的情绪反应中证实你说话的可信度,这是审视你的表现。

从眼镜上方透出的眼神往往是冷冷的,带着拒绝交流的意味,是一种不太客气、心怀戒备的注视。一般来说,从镜框上方看人往往不是正视,而是习惯用斜上方的目光看人或是用余光扫视,这样的人一般都是刻板、保守、斤斤计较、心存鄙视。他们的目光表露出来轻视一切、怀疑一切的态度,甚至有一些人还存在性格上的缺陷。这样的人的眼神也可能带有指责意味,如果你从他的身边走过,他往往会先看看你的头,又看看你的脚,还可能轻轻地撇撇嘴,那么他的眼神就是在指责你,你的动作引起了他的不满,是在提醒你注意。以眼神指责往往不太显眼,比较委婉。当然,也有一些戴着老花镜的人,仅仅是为了从眼镜上方看清外面的世界,这样的人不在此列。

米歇尔·阿基利认为,一个人在与他人交谈的过程中,视线朝向对方脸部的时间约占双方谈话时间的30%～60%。因此,在面对面交流中,他人的目光转换动作能让你轻易了解他属于什么类型的人。

1.目光左右移动是缺乏安全感的表现

内心缺乏安全感的人,目光常常左右移动,这表明他们的生活处于不安状态。这些人常常缺乏自信,习惯自欺欺人,严重者甚至患有被迫害妄想症。

2.目光总是不规则移动,是不怀好意的表现

如果有人在和你交谈的时候,目光总是不规则地移动,这会让你觉得这是一个不正经、不可信或心怀叵意的人。实际

上,这不只是一种感觉,有上述行为的人也许正准备设下圈套陷害你。如果他是你的亲友,也许他正盘算着一场恶作剧来骗你。

3. 翻白眼的怪异目光是怀疑和轻视的表现

在和你谈话的过程中,如果对方时不时地翻白眼,并且用怪异的目光看你,或者忽然间用锐利的目光盯着你,这表示他对你有所怀疑或轻视。他们想通过这样的目光来观察你的情绪反应,从而证实自己对你的猜测。此外,还有一些性格有缺陷的人,也习惯用怪异的目光看人。

总之,了解人类这扇"心灵之窗",你就能在他人的视线注视下轻松自如,也可以最大限度地接收别人眼神传递出的信息。

习惯耷拉上眼皮的人,
多老谋深算

生活中,有些人无论什么时候都习惯耷拉着上眼皮,眯缝着双眼,看上去好似晚上没睡好一样。实际上,常常耷拉着眼皮的人,往往老谋深算。他们在表面上给人一种与世无争、半醉半醒的印象,实际上脑子转得比电脑还快,只是不会轻易让人察觉到。

平日里,他们总显出一副迟钝、笨拙的样子,对人也很亲切、和善,给人的感觉是一个老实忠厚的人。而一旦遇到与自身利益息息相关的事情,他们会马上瞪圆眼睛,显露出老谋深算的一面。

他们总是想方设法操控着事情朝着有利于自己的方向发展。当然，在这一过程中，他们习惯耷拉眼皮加以掩饰，表面上看，他们还是一副老实厚道的模样，给人一种欺负他们会有负罪感的感觉。其实，他们往往正在算计你，仔细分析就会发现，他们的每一句话、每一个想法可能都带有目的性。

他们习惯做好铺垫，然后引诱你钻进他们设下的圈套。或许卖了你，你还帮他们数钱，等他们说完"谢谢"，你冷静下来一想——唉，原来自己又被他们算计了。此刻再明白也晚了，事情都过去了，只好哑巴吃黄连——自认倒霉。于是你终于明白，原来平时看起来最老实的人，其实是最狡猾的角色。

可见，眼皮虽然是很小的一部分，却能够反映一个人的心理。所以，人们可以通过观察一个人的眼皮来初步了解他。那么，除了上面的个例，眼皮还能反映出什么问题呢？

从进化论的角度来说，上眼皮皮下脂肪丰厚的单眼皮，比上眼皮皮下脂肪单薄的双眼皮进化程度更高。总体而言，眼皮主要起保护眼睛的作用。单眼皮是为了更有效地发挥这一作用而进化形成的。东方人单眼皮的比率较高，而西方人双眼皮者居多，这是东方人在这一方面的优势。但是，偏偏就有这么一些人，将进化程度较高的单眼皮通过手术修成双眼皮。这些人在孤芳自赏的同时，未必意识到自己正在做一件傻事，或者也可以说是人各有志吧。

研究表明，单眼皮的人冷静、有逻辑性，观察力和专注力均佳，思虑深，沉默寡言。他们做事细心、谨慎，虽有持续力，但个性顽固。而双眼皮的人知觉性强，感情丰富，热情开朗，顺应性和协调性优异，行动积极敏捷。

从下眼皮可以发现过度疲劳的痕迹。把睡眠充分的人和睡眠不足的人做一下比较，就会发现，睡眠不足的人下眼睑周边呈现黑色，形成黑眼圈。过度疲劳、淫乐无度、病魔缠身、郁闷苦恼，等等，都会引起这一征兆。当然，一般来说，下眼睑周边会随着年龄的增长，相应出现窝沟、皱纹、垂肿等现象。

当大家见到电视新闻播音员、有涵养的妻子、良家子弟、大家闺秀及被称为"装饰橱窗"的浓妆艳抹的女士时，未必能从他们的脸上窥到有关其性格等方面的信息，因为许多人都将自己伪装了起来，或是把脸作为与社会接触的"见面广告"，但他们的眼皮却在不经意间泄露了自身的秘密。

所以，在处世的过程中，我们可以多看看别人的眼皮，这样，很多困惑也许就会迎刃而解。当然，如果遇到总是耷拉着上眼皮的人，就要当心了。因为站在你面前的，很可能是头脑聪明、老谋深算的人。

第十章
控制与防备，看手就知道

对方是否喜欢你，握手见分晓

握手是在相见、离别、恭贺、致谢时相互表示情谊、致意的一种礼节，双方往往是先打招呼，再握手致意。据说握手最早起源于人类"刀耕火种"的年代。那时，人们手上经常拿着石块或棍棒等武器，遇见陌生人时，如果大家都无恶意，就要放下手中的东西，并伸开手掌，让对方抚摸手掌心，以此表示手中没有藏武器。这种习惯逐渐演变成今天的"握手"礼节。而现在，握手已经逐渐演变为人们维系业务关系的一种沟通方式。但就是这样一个小小的握手礼，其中却暗藏着不少玄机。

莫里斯与女友在餐馆就餐时，遇到了女友的前任情人比尔。女友尴尬地为两人做了介绍，莫里斯与比尔握手致意。两只手紧紧地握在一起，莫里斯感觉到对方的握力越来越大，并且对方扳着他的手，试图让自己的手心朝下。莫里斯暗想："这可真是个厉害人物。"

从上面的例子来看，简单的握手动作就可以让我们接收到对方传递的信号：他是否喜欢你，是不是很强势，想打压你。比如，比尔与莫里斯握手时将手掌翻转，使自己的手心朝下，这会给对方营造出一种强势的感觉，这种不喜欢是不加掩饰的。

这种凌驾于人的握手方式并不少见，专家曾对350位高级行政主管开展了一项关于握手的调查研究，研究对象中89%为男性。结果显示，在各种面对面的会谈中，88%的男性主管和31%的女性主管在握手时都会采用这种能够制造强势效果的握手方法。而且这种握手的力度相对较大，甚至会令对方有轻微疼痛感。

通常情况下，握手只是人们见面时表示问候、离别时表示再见的一种礼仪。但是，你可以从握手这一细节动作中预见对方是否喜欢你，了解他想表达控制还是顺从的意图，洞察他的个性特点。一般来说，性格温和、内向的人与人握手时，通常会采取顺从的姿势，这也表示他比较崇敬你。而性格外向、脾气火暴、霸道的人与人握手时，通常会采取控制性的握手姿势，这表示他不是十分喜欢你，或者是想让你感受到他对你的震慑力。有趣的是，当两个性格温和、彼此有好感的人握手时，他们通常会表现得温文尔雅、谦和有礼。如此一来，双方便营造了一种平等、融洽的氛围。

一般来说，初次见面的双方握手致意，通过这一动作，你可以感受到对方传递过来的一些细微的信号，这些信号可能是无意的，也可能是有意的。而你可以基于此构建对对方的初步评价。一般来说会有这样三种评价：一是认为对方很强势，觉得对方并不喜欢你，甚至想控制你；二是觉得对方比较弱势，认为自己可以掌控对方；三是感受到彼此的地位平等，能够感受到对方很喜欢你，你也觉得和他在一起很舒服。

著名的盲人作家海伦·凯勒曾经这样写道:"我接触过的手,虽然无声,却极具表现力。我握着他们冷冰冰的指尖,就像和凛冽的北风握手一样。也有些人的手充满了阳光,他们握住你的手,使你感到温暖。"海伦·凯勒虽然不能用眼睛观察对方,但她的触觉是极其敏锐的,她关于握手的描写也极其精彩地展现了握手能带给人的不同感受。可以说,要知道对方是否喜欢你,从握手便见分晓。

握紧拳头的人,
打从心里讨厌你

著名的人际关系大师亚伦·皮斯在幼年时已经学会了一套察言观色的本领。他曾经上门推销橡胶海绵,并且知道当对方的手心展开时,他就可以继续自己的推销活动;如果对方表面上和气,却攥紧了拳头,他就要马上离开,以免浪费时间。

握紧拳头是指在交谈的过程中,对方两手握拳的时间较长。最常见的是两手握拳于身后呈叉腰状,或者双手抱胸且两手紧握,而不是像平时那样两手掌张开,也有时是两手握拳撑在下颌处。

握紧拳头是心理学上的防御姿势。美国心理学家布莱德曼经过研究证实,在很多情况下,一个人做出此种手势,并不代表他非常自信,与之相反,它代表此人正处于一种焦虑、紧张,或者是失望、悲观的情绪之中。例如,当一个人将双臂环抱于胸前,还加上了双拳紧握这一细节动作时,这一动作代表强烈的敌意。如果有人在和你交谈的过程中握紧拳头，我们可以推断，他心里很讨厌你。这样的人有着明显的防御意识，同时你也可感受到对方的敌意，紧握的双拳是他在极力克制自己的情绪。你也可以从他的其他身体语言看出这一点，比如眉头紧皱，甚至脖子上青筋暴起。如果此时你激怒他，他会由这种显示敌意的状态转变为敌意爆发的状态。

王明和小张是同寝的大学室友。4月1日那天，王明偷拿了小张的论文。在小张焦急地寻找论文时，王明拿出论文，说："你也太笨了，就放在你的枕头下面啊。"小张不由自主地握紧了拳头，手上的青筋暴发。王明并不在意，继续和室友一起起哄，嘲笑小张。结果，小张对王明大打出手。

从上面的例子可以看到，王明没有及时理解小张传递出来的手势信号，这才激怒了焦急、羞愤的小张。其实，只要你懂得观察，的确可以从对方手掌的姿势看出他们对你这个人的看法。

1.手掌向上、自然平展的人，对你有好感

当你和朋友聊天时，经常可以看到他靠在桌子上，掌心向上，一只手可能还夹着烟。这表示对方对你颇具好感，想和你更亲近。手掌向上自然平展是身心放松的表现，只有对方对你没有戒备，才会展现出这类手势。

2.手掌向下、自然平展的人，对你还有戒备

平展的双手通常会放在椅子扶手上、大腿上，有时候甚至还会放在面颊上。这表明他极力想对你示好，但心里还有戒备。不过，这种手势很普遍，大体上他对你还是有好感的。

3.双手摊平合十的人，对你很抗拒

这是我们熟悉的祈祷手势，好像拜拜一样，有人用它来表

示拜托、请求。如果我们遇到做出这种手势的人，基本可以判断，这人对你是抗拒的。这种动作往往用于有求于人的时候，虽然嘴上在请求，但心里往往是抗拒的。

另外，在某些特殊情况下，一些人做出握拳的动作，其实并不是讨厌你。例如，有些人在内心焦虑或紧张不安的时候，也会做出握拳的动作，这是一种对自身负面情绪的安抚，是一种特殊的心态反应。所以，我们应该区分看待。

头枕双手，一切都在他掌控之中

高度自信的动作能够反映出大脑的高度舒适感和绝对自信。你可以尝试一下头枕双手这个动作，当你做这个动作时，是不是腰挺得很直？是不是有一种长高了的感觉？对，要的就是这种优越感。这是一种袒露胸脯、展现力量的体势。它代表着自信和无所不知。那些自我感觉高人一等，或是对某件事情的态度特别强势、自信的人，经常会做出这个姿势。他们仿佛在对旁人表示"我知道所有的答案"，或是"一切都在我的掌控之中"。

一般情况下，头枕双手的姿势经常见于管理层的职员。某公司职员们发现，刚刚晋升的销售部经理突然间有了这样一个习惯动作：当他坐在自己的椅子上时，喜欢把头向后仰，然后用双手枕住，使得双臂弯曲在脑后，形成一个类似于羽翼的形状。于是，很多职员私下讪笑他越来越有官相了。

晋升以前，经理并不经常做出这种头枕双手的姿势，但新的地位却让他养成了这个习惯。由此可证明，经理对自己的现状感到满意和舒适，他感觉一切都在自己的掌控之中。

头枕双手的姿势不仅可以显示出当事人自我感觉良好，还可以表现出他想要获取支配地位的心态。研究还发现，男性更喜欢用这种身体姿势。当你和人交谈的时候，如果对方采用这种姿势，那代表他的心里有高你一等的想法。通常他是想给你施压，或者故意营造出一种轻松自如的假象，以此麻痹你的感官，让你错误地产生安全感，从而在不知不觉中踏上他预先埋好的地雷。

生活中，表现自信和掌控的体势有很多，例如双手放在背后，同时双手紧握，抬头挺胸，下巴微微扬起。这个动作所表达的含义和头枕双手相类似。做出这个动作往往与权威、自信和力量相伴。摆出此种姿势的人，是将脆弱、易受攻击的咽喉、心脏、脾胃等部位暴露在你的视线之下，这样做显示出他无所畏惧的胆魄，以及"一切都在我掌控之中"的优越感。

在生活中，只有那些拥有骄傲自信、"艺高胆大"的人，才敢于做出头枕双手、双手倒背紧握的动作。他们将自己的胸脯袒露给你，正是想向你展示自己的自信和力量，这样的姿势强化了信心、权力和权威的色彩。

自我抚摸是为了寻求安慰

当人们处于紧张状态、情绪低落或遭遇挫折时，会不自觉地借助各种不同形式的自我抚摸来安慰自己，给自己打气。例如,用手挠挠头皮、梳理一下头发,并抚摸后颈;女性则通常会双手环抱着身体,用手摩挲手臂,这正是寻求被保护、进行自我安慰的典型动作。

每个人都有亲密接触的欲求,在这方面女性的欲求大于男性,儿童的欲求大于成人。小孩子如果跌倒或者受到其他伤害,第一个反应就是让妈妈抱抱,身体上的亲密接触可以消除恐惧,获得安全感。随着年龄的增长,成年人不能像小孩子一样再向别人索求拥抱,人们无法随时随地得到亲密接触,因而通过自我抚摸来满足亲密接触的需求。常见的自我抚摸动作有以下几种:

1. 头部区域的抚摸

比如抚摸额头、挠挠头皮、抚摸头发、用手托头等。一般做出这些动作的人,多半内心感觉无聊、孤独、心事重重。他们做出这样的动作,是为了鼓励自己或寻求安慰。

2. 颈部区域的抚摸

抚摸颈部的前方或后方。女性尤其喜欢抚摸颈部前方,当她们听到使内心不安的事情时,常常不自主地用手掌盖住自己的脖子前方靠近前胸的部位。这样的动作很像我们小时候受到惊吓时,妈妈用手抚摸我们的颈部,说道:"拍拍,拍拍就不害怕了。"

3. 手部区域的抚摸

摩挲自己的手背、吸吮手指、咬指甲等。当你发现有人出现这些下意识的动作时,可以给对方适当的安慰和身体接触,但是不能太过,轻轻拍一拍对方的肩是比较适合的安慰方式。因为虽然做这些动作是渴求接触的表现,但他们强烈的戒心依然会反感你过度接触。

4. 脸部区域的抚摸

例如，用手抹脸、轻捏脸颊、双手捧着脸。做出这些动作的人，大多处于思考状态。他们内心孤独，希望通过自我抚摸获得安慰。

5. 间接自我抚摸

有些动作看起来与自我接触扯不上关系，实际上也是一种间接的自我抚摸。比如，撕纸、捏皱纸张、紧握易拉罐让它变形等。这种间接的自我抚摸同样能刺激人们的触感。并且你会发现，当一个人的挫折感或者不安感越强烈的时候，这类动作出现的概率就越大。人们似乎希望借这些动作来发泄情绪、寻求安慰，同时稳定自身情绪。

常摆出塔尖式手势的人，高度自信

一般来说，在身体语言中，要理解一个姿势的真正含义需要结合其他姿势群和具体环境。因为某一具体手势在这个特定场合可能有特定含义，而在另外一个特定场合可能并没有含义。比如，在一个寒冷的房间里，某人将双臂交叉放在胸前，可能仅仅是为了防寒取暖，与防御自卫或者孤独离群没有丝毫关系。

但体语中有一个姿势是例外，它是一个孤立的姿势，不需要结合其他姿势群和具体环境，就能表达一个明确而具体的含义，它就是"塔尖式手势"。那究竟什么是塔尖式手势？它表达的具体含义又是什么呢？

所谓塔尖式手势，是指双手手指一对一地在指尖处结合，但两个手掌并没有接触，外表看上去就像教堂的尖塔一样，故而被称为塔尖式手势。

塔尖式手势常用于上下级之间的互动关系中，用来展现自信和无所不能。经理或部长给下属传达通知、布置任务时，常会自觉或不自觉地做出这个姿势。这在单位领导、律师、IT从业者、经济师之类的人群中尤为常见。他们之所以喜欢做出这个姿势，是想通过此种姿势向别人表明，他们对自己所说的，或所做的决定具有十足的信心。

具体来说，根据塔尖的朝向，塔尖式手势可以分为向上和向下两种姿势。当一个人向别人发号施令，或阐述自己的观点、意见时，其手势的塔尖可能会朝向上方；当一个人聆听别人说话时，其手势的塔尖可能会朝下。

心理学家研究发现，女性不论是在对别人发号施令，还是聆听别人说话，都喜欢用倒置的塔尖手势来含蓄地表达自己的自信。如果一个人在做出塔尖朝上手势的同时，还昂起自己的头，这就表示他是一个自以为是并且很自大的家伙。更为夸张的是，如果某些人在看你时，先把十指做成塔尖式手势，并将其置于与双眼平行的位置，然后透过两掌间的缝隙盯着你，一言不发，他就是在暗示你："你心里在想什么我都一清二楚，不要在我面前耍花样，不然后果很严重！"

总的来说，塔尖式手势是一种积极且明确的姿势语言，它既可以用于积极的方面，也可以用于消极的方面。比如，当一个下属向其经理汇报工作时，可能会做出一些积极的姿势，比如摊开双掌、身体前倾等。经理在下属汇报完毕后，可能会做出塔尖式手势。要判断经理这个手势的意义是积极的还是消极的，关键在于经理做出该手势是在一些积极姿势之后，还是在一些消极姿势之后。如果是在积极姿势之后做出的，则表示他肯定了这位员工的工作；如果是在消极姿势之后做出的，则表示他不太满意这位员工的工作。

扫码获取
☑ 对话·AI鉴心师
☑ 聆听·智慧之声
☑ 解构·人格心理学
☑ 了解·情商智慧课

第十一章
从面部表情中识别紧张情绪

眼睛向右上方看，
大脑正在制造想象

还记得前面提到过的"EAC 眼睛解读线索"吗？神经科学研究表明，当我们思考时，大脑中的不同区域会被激活，导致眼睛向不同的方向运动。眼睛向左上方看时，表明大脑正在回忆过去的情景或事物；眼睛向右上方看时，表明大脑正在想象一幅新的画面；眼睛向左下方看，表明大脑正在回味某种味道或感觉；眼睛向右下方看，表明身体正感受到痛苦。也就是说，眼珠转动的方向会暴露我们的思绪。借助这个线索，我们可以从对方眼睛运动的方向来判断对方是否在说谎。

具体来说，眼睛向左上方看，意味着大脑正在搜索记忆，此时所说的话可能是真话；眼睛向右上方看，意味着大脑正在创建想象，此时所说的可能是谎话。如果你周一早上问同事周末是怎样度过的，对方回答："带儿子去游乐场了。"此时，如果他的眼睛向左上方看，说明他脑海中正在浮现昨天和儿子在游乐场玩乐的情景，很可能没有撒谎。而如果他的眼睛向右上方看，则说明游乐场一事或许只是他临时编造出来应付你的谎言。

人们在思考时，眼睛的运动方向由大脑内活动的区域决定，很难人为控制。因此，观察眼睛的运动方向来判别谎言不失为一个很好的办法。不过，为了确保判断的准确性，使用这个方法还有两个很重要的注意事项。

1.事先编造好谎言的人眼睛可能不会明显转动

眼睛的转动必须和相应的思维活动相关联才有意义。如果人们已经事先准备好一套说辞，就等着你问他了，那你可能不会观察到他的眼睛运动有什么不同。因为即使谎言是虚构的，此时也变成了一种记忆。因此，只有在人们没有准备的情况下，一边说话一边编造谎言的时候，才能采用这种方法来判别。

2.EAC眼睛解读线索并不适用于所有人

EAC模型归纳了大多数人的眼睛运动方式，但它并不适用于所有人，现实生活中存在许多例外情况。例如，惯用左手的人眼睛转动的方向可能正好相反，往左上方看不是回忆而是编造谎言的表现。为了确保判断准确，可以先提出一些试探性问题，找准对方眼睛转动的规律。例如，你可以先问对方"你觉得二十年后你会是什么样子？"这是一个涉及想象的问题，仔细观察可以确定他在创建想象时眼睛转动的方向，然后就可以做出正确的判断了。

避免眼神接触，因为害怕被人看穿

大多数人在说谎时，心中难免会有愧疚之感，还会担心谎言被揭穿而产生恐惧。愧疚和恐惧都会从他们的眼睛里流露出来，比如回避目光交流、低头不看对方，或是明显地把头偏向一侧，这些行为都可以说明这个人不够坦诚。说谎时如果与别人对视，心里会更加紧张，这种紧张情绪会反映在眼睛里，因此说谎者会本能地转移视线，以缓解紧张感。

避免眼神接触或很少直视对方，是典型的欺骗征兆。人在潜意识里觉得别人会从他的眼睛里看穿他的心思，因此，很多人会尽量避免和对方眼神接触。因为心虚，所以不愿意面对对方，眼神闪烁、飘忽不定，或者不停地眨眼。在影视剧中，我们经常会看到这样的片段：一个人怀疑别人在对他撒谎，于是对那个人说："看着我的眼睛，告诉我，到底是怎么回事。"而对方却把头低下或者撇开，不敢直视。的确，眼睛很容易泄露谎言，目光接触时躲躲闪闪，或是长时间不直视对方，都是在说谎的重要标志。

揉眼睛则是另一种避免眼神接触的方式。当一个小孩不想看到某些人或某些事情的时候，可能会用一只或两只手揉自己的眼睛，成人也一样，当他们看到某些不愉快的东西时，也可能会用手揉自己的眼睛。揉眼睛这个动作，是大脑不想让眼睛看到欺骗、疑惑或其他不好的东西，或者是不想让自己在说谎时与别人发生眼神接触，以免因心虚而露馅。

一般来说，当男性撒谎时，可能会用力揉自己的眼睛。如果谎撒得较大，他会转移视线，通常是将眼睛朝下。当女性撒谎时，不会像男性那样用力揉自己的眼睛，相反，其仅会轻揉几下眼部下方，同时将头上仰，以免和对方发生眼神接触。

频繁眨眼也是说谎的标志之一。科学家通过暗中观察记录发现，人们在正常且放松的状态下，眼睛每分钟会眨6～8次。而这种间隔在非正常状况下会被打破。所谓非正常状态，就是说内心情绪有较大起伏，比如因为说谎而紧张，这个时候眨眼睛的频率就很可能显著提升。撒谎的人内心无法平静，承受着担心谎言被识破的巨大压力。在这种压力下，说谎者或许可以控制自己的口头表达，但却很难控制身体语言，于是眼睛因为巨大的紧张感而不停收缩。

所以，当你和某个人谈话时，如果你发现他老是不断地眨眼睛，说话也变得结结巴巴，你就得留心他所说内容的真实性了。

此外，英国动物学家戴斯蒙德·莫里斯在观察警察审讯的过程中发现，当人们说谎或努力掩饰某种情感时，他们眨眼时眼睛闭上的时间会比说真话时更长，这是另一种避免眼神接触的方式，说谎者在无意识中通过延长眨眼时间给自己"关上一道门"，从而减轻内心因说谎而产生的愧疚感。

四目交接超过 5 秒，
说谎指数 100%

人们通常认为，当一个人说谎时，他会因为心虚而不敢正视对方的眼睛，而是将视线移向一边。那么，我们是否可以据此认定，当一个人和另一个人谈话时，只要他敢于直视对方的眼睛，他就一定没有对对方撒谎呢？先暂且不回答这个问题，一起来看心理学家做的下面这个实验。

实验中，心理学家把参与实验的人员分为甲、乙两组，让甲组的人对乙组的人撒谎。同时，心理学家要求甲组中85%的人在撒谎时一定要看着对方的眼睛。随后,心理学家把甲、乙两组人员的撒谎过程进行了录像。录像完毕后,心理学家来到一家电视台,做了一期"你能识别哪些人在撒谎"的谈话节目。让台下观众看完录像节目后,心理学家便让他们识别哪些人在撒谎,并说明各自的理由。

结果发现,很多观众都落入了心理学家的"圈套"。在那些撒谎时注视对方眼睛的"骗子"中,有95%的人没有被观众识破,观众不认为那些"骗子"在胡说八道,因为"骗子"们在说话时敢于注视对方的眼睛。而在那些事先没有被心理学家叮嘱在撒谎时要注视对方眼睛的"骗子"中,有80%的人都被观众识破了。可见,"注视对方的眼睛"正是说谎者用来伪装的有力手段之一。

由此,我们就可以回答文章开头提出的问题了。长久以来,变幻莫测的眼神、频繁的眨眼、不敢对视,都被视为说谎的信号。这些看法有一定道理,但是由于大多数人都这么想,所以很多人在说谎时就利用了这种心理,故意盯着对方的眼睛,显得从容不迫、游刃有余,以此表明自己没有撒谎。视线的转移确实会显露出一个人的情感状态,例如悲伤时,我们的眼睛会向下看;羞愧时,我们会低下头;如果不同意对方的观点,则会直接把视线从对方身上移开。但说谎的人绝不会这么做,因为他们害怕被看穿。

一整天,男朋友的手机都处于关机状态,小洁十分着急。第二天见面时,小洁装作很随意地问男朋友:"昨天是怎么了,一整天都关机?"男朋友为了掩盖自己的紧张,认真地看着小洁说:"哦,昨天手机没电了就自动关机了,我还不知道呢,晚上想给你打电话才发现的。"男友说话时一直盯着小洁的眼睛,一副坦诚认真的样子，可小洁还是觉察到了异样。

说谎者的骗术固然高明，但也不是完全没有破绽，因为这种刻意的"盯"和自然的凝视眼神是不同的。仔细观察就会发现，这种凝视很不自然。如果两个人在进行正常的交谈，的确会有频繁的眼神交流，特别是在非常专注、相谈甚欢的情况下，眼神交流的频率会增加。但正常情况下，一方把视线放在另一方身上的时间平均每次只有3秒钟，而两个人真正四目交接的时间长度平均每次只有1秒钟，只有深情对望的情侣才会超过5秒。因此，如果对方"用力"地看着你的眼睛，刻意延长和你对望的时间超过五秒钟，那就是他企图掩盖谎言的表现，这个时候他说的话，可信度极低。

假表情总是慢半拍、持续时间长

人的面部表情既可以说实话也可以说谎话，而且常常在同一时间内既说实话又说谎话。在社会生活中，人们时常利用面部表情作为掩饰和伪装其真实思想感情的"面具"。例如，因违章而受到交警训斥的司机，为了避免事情恶化，往往会故作笑脸，表现得服服帖帖；一对正在家中赌气的夫妻，一旦有贵客来访，便会装出没事的样子，笑脸相迎。当人们撒谎时，也会制造虚假的表情来掩盖真相。为了识别谎言，我们必须学会识别虚假表情。

虚假表情包括伪装的表情和克制的表情。伪装，即假装出一种与自身真情实感相反的情感，例如小学生假装肚子疼请假回家时脸上装出的表情。克制，即为了不让别人察觉我们真实的情感，努力控制自己的脸部肌肉，故作镇定。无论是伪装还是克制，虚假表情的表现方式终究与自然流露的表情有所不同，最重要的区别在于虚假表情总是慢半拍，而且持续时间长。情绪出现的时间快慢很难人为控制，由于刻意制造的假情绪不是自然发生的，因此它出现的时间总会稍微延后，持续时间也会比真实表情要久，然后就"突然"消失了。

1. 假表情总是慢半拍

反映内心真实感受的表情被称为"最初的反应表情"，它会在情感产生的1秒钟之内立刻流露出来，之后人们才能进行人为的掩饰或伪装。因此，如果对方话还没说出口，或者刚开始说话时看起来就很生气，那么他可能确实被激怒了。相反，如果他说完之后才开始表现出很生气的样子，比如撇着嘴、瞪大了眼睛，这就是刻意添加的表情，并非出于内心的真实情感，对方只是想表现出很生气的样子。

2. 假表情持续时间长

表情持续的时间长短也可反映出说谎的印迹。停顿时间长的表情通常是假的，比如持续10秒钟或10秒钟以上，甚至停顿5秒钟的表情也可能是不真实的。除了那种极其强烈的情绪感受，比如欣喜若狂、勃然大怒、悲恸欲绝等，自然的表情都不会超过4～5秒钟。而且，即使是非常激动的情绪，其表情也不可能持续太久，而是一阵阵地、短暂地出现。只有象征性表情和嘲弄式表情会长时间存在。例如，真正的惊讶表情从形成到消失不到1秒钟，如果有人对你说的话展现出长达3秒的惊讶表情，他多半是在故意假装自己不知道这件事。

面部表情是说谎者最容易作伪的部位，这给判断一个人是否在撒谎带来了困难。好消息是，面部表情中总有一部分是人为无法控制的、会情不自禁流露出来的，因此，我们可以通过识别对方脸上掩饰不住的真实表情来揭穿谎言。面颊肤色变化就是典型的紧张征兆。

面颊的颜色会随着情绪的变化而发生相应的变化。面颊肤色的变化是由自主神经系统引起的，难以人为控制或掩饰。最明显的是变红和变白。人们最常见的面颊变红经常出现在害羞、羞愧或尴尬等情形中，脸红也是愤怒的表现。愤怒时，面颊会瞬时转为通红，而不是由面颊中心慢慢扩散开来。当愤怒的人极力抑制自己的怒气和克制攻击性冲动时，其面颊肤色会变得苍白；当人们处于惊骇的情绪状态时，面颊肤色也会变得苍白。可见，通过面颊肤色的变化，我们可以观察到对方真实的情感。类似的线索还有很多，只要在生活中留心观察，定能有所收获。

硬挤出来的笑容让嘴巴紧闭

最常用来掩饰情感的面具就是微笑。达尔文曾经做过相关研究，他声称，人们通常企图掩饰消极情感，而微笑所使用的肌肉与表达消极情感所使用的肌肉无关。因而，谎言往往伴随着虚假的笑容。笑容具有极强的感染力，也有极大的欺骗性，虚假的笑容有时甚至比恶语相向更有杀伤力，因为它戴着善意的面具。我们可以通过对方脸上的细节来识别虚假的笑容。

真正的笑容总是最为全面的，能够让整张脸都亮起来。如果只是嘴角动了动，嘴巴紧闭，眼睛周围的轮匝肌和面颊肌肉拉长，这就是假笑，也就是所谓的皮笑肉不笑。假笑时面颊肌肉松弛，眼睛不会眯起。狡猾的撒谎者会将大颧骨部位的肌肉层层皱起以弥补这些缺憾，这一动作会影响到眼轮匝肌和松弛的面颊肌肉，并能使眼睛眯起，从而使假笑看起来更加真实可信。一个人发出真心的灿烂笑容时，眼角和嘴角都会浮现出细细的纹路。

要知道为什么脸部纹路成为真笑与假笑的区别之处，就要先了解人的笑容运作的科学原理。人的笑容由两套肌肉组织控制：以颧肌为主的肌肉组织可以控制嘴巴的动作，使嘴巴微咧、露出牙齿、面颊提升，进而将笑容延展至眼角；而眼轮匝肌可以通过收缩眼部周围的肌肉，使眼睛变小、眼角出现皱褶。

我们的意识可以控制以颧肌为主的肌肉组织。也就是说，我们可以自主命令这部分肌肉运作，即便内心没有感觉到愉快，也能制造出嘴部的笑容。而眼部周围的眼轮匝肌的收缩完全独立于我们的意识之外，我们不能自主地控制，只有内心真正的愉悦才能激发其运作。所以，在一张不真诚的笑脸上，细纹只会出现在嘴的四周。

此外，假笑时，面孔两边的表情常常会出现些许的不对称。习惯于用右手的人，假笑时左嘴角挑得更高；习惯于用左手的人，右嘴角挑得更高。而真实的笑容，两边的嘴角都会最大限度地抬起，而且从来不会不对称。

笑容的时间长短也可以作为判断的依据。假笑保持的时间往往特别长。真实的微笑持续时间通常在2秒到4秒之间，其时间长短主要取决于感情的强烈程度。而假笑则不同，它就像宴会后仍不肯离去的客人一样让人感到别扭。这是因为假笑是刻意伪装的，人们不知道应该在什么时候收起笑容，无形中延长了笑容的时间，从而露出了破绽。而且，假笑常常可以在很短的时间内被"堆"出来，而真实的笑容往往需要更长的时间才能展现出来。

总之，如果一个人不想暴露内心的真实感受，他可能会戴上"我很快乐"的面具。你只需牢记，不是发自内心真实感受的笑容，是不会在脸上完全绽开的。

第十二章
不经意的小动作会泄露真相

动作和语言不一致，
嘴上说的不能信

人类大脑的边缘系统是非常诚实的，由边缘系统支配的肢体行为会如实地反映我们的想法，这些动作是我们主观意识无法控制的下意识动作。我们之所以可以通过身体语言来鉴别谎言，原因在于说谎行为本身的复杂性。看似漫不经心的一句谎言，想要做到不被人怀疑，其实是一项需要动员全身器官共同参与的庞大工程。因此，无论一个人的口才多么好、说谎技术如何高明，他的肢体语言都会"出卖"他。

人们在说话时，实际上同时在意识和无意识两个层面上进行交流。说谎者把精力集中在编造谎言、思考如何应答上，因而很难控制自己的身体语言。由于在交流中人们同时传递这两种信息，因此说谎能否成功关键就在于对意识和无意识两种信息表达的控制。讲真话的人，意识表达和无意识表达总会保持一致，而一旦语言和动作之间出现不一致，我们就有理由产生怀疑。在这种情况下，我们难以控制的无意识信号，即动作和姿势，往往才是真情实感的表达。也就是说，当动作和语言自相矛盾时，所说的话很可能就是假的。

生活中经常可以见到这样的例子，例如，有人抱怨感冒头疼向领导请假，却以轻快的步伐走下楼梯；嘴上明明说"不是"，同时却在点头；再如，嘴上说着好话，两个拳头却紧紧地握在一起，这分明就是讨厌对方的表现。

法律顾问乔艾琳·狄米曲斯在《读人》一书中提到过这样一幕：一次挑选陪审员时，负责此事的律师的妻子流产了，他向法官请求准他一天假陪在妻子身边，但法官拒绝了，因为这会耽误工作。因此，律师不得不走，把工作交代给其他同事后就离开了，此时，法官要求其他同事代他向律师以及妻子表达最诚挚的祝福。

乔艾琳注意到，从字面上看，法官的话语似乎充满了同情，但从他当时说话的表情和动作姿势中，丝毫感受不到同情和温暖。他脸上没有表情，一边说话还一边低头批阅文件，这表明他压根就不关心律师和他家人的命运。稍后，法官因为另一件事情对一名陪审员咆哮，从言语上看，他似乎很生气，但他的肢体语言却暴露了真实的情绪——他的动作并没有反映出怒火，身体没有靠前，没有任何手势，也没有脸红。尽管法官说话时故意很大声，装作很生气的样子，但他的肢体语言却说明他不过是在利用愤怒的声音恐吓威胁对方，因为他自己缺乏合适的理由说服别人。

动作和语言不一致还有另一种情况，即时间点不匹配，这和假装的表情是一个道理。例如，一个人在假装生气地说话之后，会故意用拳头捶桌子或者挥舞手臂来强调，以此让自己看起来真的很生气。这种事后追加的动作都是刻意为之，并非发自内心。

因此，我们听别人说话时，要同时注意他的肢体语言，将肢体语言、表情和说话内容做比较，才能看出一个人的真实情绪和动机。除非动作、声音和说话内容相互契合，否则就一定有所掩饰，这就需要我们仔细观察去找出线索。一旦认清了一个人的习惯做法，也就很容易推断他的其他行为。

不时用手接触口鼻，是企图隐藏真相

频繁用手触摸自己的鼻头或者用手指不时轻触嘴唇，是最常见的说谎动作。一旦他的手离口鼻很近，基本都有说谎的嫌疑。如果他在说话时用手捂住嘴巴，那就表明连他自己都不相信自己说的是实话。这些手部动作起着遮掩的作用，是说谎者在潜意识里企图隐藏真相。

1. 用手捂嘴

这是一种明显未成熟，略带孩子气的动作，很多小孩尤其喜欢使用。当然，一些成年人偶尔也会使用。一般来说，使用此种姿势的人会在自己说完谎话后，迅速用手捂住嘴，同时用拇指顶住下巴，仿佛在命令自己不要再说谎话。有些时候，某些人在做这一姿势时，仅会用几根手指捂住嘴，或是将手握成拳头状放在嘴上，但其蕴含的基本意义不变。还有一些人则会借咳嗽的动作来掩饰其捂嘴的动作，以此分散别人对自己的注意力。

2. 触摸鼻子

触摸鼻子是用手捂嘴这一姿势的"变体",相较于用手捂嘴,它更具隐匿性。有些时候,它可能是在鼻子下面轻轻地抚摸几下,也可能是快速、几乎不易察觉地触摸一下鼻子。一般来说,女性在做这一姿势时,动作幅度要比男性轻柔、谨慎得多,这可能是为了避免弄花她们的妆容。

关于触摸鼻子的原因,有这样两种较为流行的说法。其一,当负面或不好的思想进入人的大脑后,大脑就会下意识地指示手赶紧去遮住嘴,但是在最后一刻,又怕这一动作过于明显,于是手迅速离开脸部,去轻轻触摸一下鼻子。其二,当一个人说谎的时候,其身体会释放出一种叫作"儿茶酚胺"的化学物质,这种物质会使说谎者鼻子的内部组织膨胀。与此同时,一个人撒谎的时候,心理压力会陡然增大,血压也会迅速升高,这样鼻子就会随着血压的上升而增大,这就是所谓的"匹诺曹的大鼻子效应"。

血压的上升使得鼻子开始膨胀,鼻子的神经末梢就会感到轻微刺痛,说谎者便会用手快速触摸鼻子,为鼻子"止痒"。此外,当一个人感到紧张、焦虑或生气的时候,这种情况也会发生。

看到这里,可能有读者朋友会问,现实生活中的确存在鼻子真正发痒的情况,那该如何区分两者呢?很简单,当一个人鼻子真正发痒时,他通常会用手揉鼻子或挠鼻子来止痒,这和说谎时用手轻轻、快速地触摸一下鼻子是不同的。同用手捂嘴的姿势一样,说谎的人可以用触摸鼻子来掩饰谎言,听话者也可以用触摸鼻子来表示对说话者的怀疑。

需要注意的是，不时用手接触口鼻虽然是一个人说谎时最可能用到的姿势，但这绝不意味着只要一个人做出这些动作，我们就可以立即断定他一定在撒谎。比如，某人说话时会捂住自己的嘴，是因为他有口臭，如果我们据此就认为他在撒谎，肯定会伤害到对方。再如，当一个人陷入沉思而做出以上动作，通常只是表示他完全沉浸在自己的思考当中。

不安的双脚
泄露了紧张情绪

英国的一名心理学家通过实验发现了一个有趣现象：人体中离大脑越远的部位，越有可能反映一个人内心的真实情感。脸离大脑最近，因此人们常常伪装出各种表情来撒谎，其可信度最低；手位于人体的中间偏下部位，可信度中等，一个人会或多或少地利用手势来撒谎；而腿和脚离大脑最远，相比人体其他部位，它们的可信度最高，一个人脚上的动作往往会泄露其内心的真实情感。当你怀疑一个人在说谎，却看不出什么破绽时，不妨多加注意他的腿和脚的动作。

在某次会议上，总经理要求各部门经理汇报近半年以来的工作情况。很快，就轮到陈经理发言了。他整理了一下自己的衣领，便面带微笑地开始总结自己部门的工作情况。在他发言的过程中，总经理觉得陈经理今天有点不对劲，虽然他面带微笑，但嘴角偶尔会歪斜一下，拿文件的手也在微微颤抖，更为奇怪的是，他的双脚在那不停地滑来滑去。稍微思考了一下，总经理顿时明白了其中的原因。

会议结束后，总经理让陈经理留了下来，说有事要单独和他谈谈。待陈经理坐下后，总经理单刀直入地问道："你为什么要在总结工作时撒谎？"一听这话，陈经理顿时满脸通红，连忙向总经理道歉，并请求其原谅自己。

为什么总经理知道陈经理在撒谎呢？原因很简单，因为陈经理在说谎的时候，尽管他做出了一些虚假表情，如面带微笑，并且努力控制自己的手部动作（其实还是没有完全控制住，手仍在微微颤抖），但是他没有意识到自己在发言时嘴角出现了歪斜，更为重要的是，他没有意识到自己下半身的动作增多了，如双脚在那"滑来滑去"，而这些恰恰是一个人说谎时的常见动作。他的这一切，被总经理尽收眼底。

这也是为什么很多企业的总裁总是喜欢坐在不透明的办公桌后面，让桌子遮住自己的下半身，他们才感到舒适自在。因为一个人在撒谎时，虽然可以控制上半身的动作和表情，但却无法有效控制下半身，尤其是腿和脚部的一些动作。

因此，当我们看到一个人双脚不停抖动或者移来移去，这表明这个人的情绪处于一种比较紧张的状态，可能是在撒谎，或者内心处于不安定的状态。

把头撇开
是因为想要逃避话题

我们已经知道，人们说谎时，会下意识地避免与对方对视，例如低着头或者移开视线。如果此时说谎者内心十分紧张不安，他就会做出进一步的防卫动作，例如把头撇开，就好像在说"别再问了，我不想谈这个话题"。

把头撇开是人们说谎时的一种典型防卫动作。如果仔细观察正在谈话的两个人会发现，如果一个人对话题感到轻松自在、有兴趣，会不自觉地把头靠向对方，仿佛希望进行更深入的交流。反过来，如果一个人身体后倾，把头撇开不看对方，说明正在谈论的事情令他感到不安，想要停止谈话。清白诚实的人面对别人的责问时，会积极地展开攻势，他之所以激动，是因为不想被人冤枉。而心虚的人则会因为不安而做出防卫性的姿势和动作。

例如，乔安娜和约翰为一件事情大吵起来，乔安娜认定约翰做了什么。如果约翰把头撇开，却不做辩解，那么看来确实有什么事情发生了。相反，如果约翰十分激动地立刻辩解，澄清自己，他很有可能就是无辜的。

人们在说谎时，心理上处于劣势，担心谎言被识破，会不自觉地移开身体，绝对不会主动靠前，而是退后或者转身，以此躲避直面指控的威胁。例如，把身体转向门口的方向、背靠墙壁，而不是坐在屋子中间，因为这样会让他看不见背后发生的情况，从而更加不安。另一种方式是直接寻找"盾牌"来保护自己。例如，紧紧地抱着一个抱枕、书包，挡在自己的胸前，或者把酒杯放在身前，这些都是在两人之间制造一种障碍物，就像士兵举着盾牌来保护自己免受伤害一样。说谎的人利用这些物体挡在两人之间，免受言辞的威胁。

　　换句话说，人们交谈时，身体姿势和动作的开放程度与可信度呈正比。一个人的姿势动作越舒适自在，就越说明其心中坦荡无欺，因为他知道自己是清白的，所以没必要紧张不安。而对方如果不敢看你、不敢正面对着你、不敢接近你，那就是说谎的征兆。

扫码获取
- 对话·AI鉴心师
- 聆听·智慧之声
- 解构·人格心理学
- 了解·情商智慧课

第十三章
从叙述方式中发现欺骗的线索

说谎者无法倒着叙述事情

从谎言的形式上,我们可以把谎言分为两种,一种是掩盖事实,另一种是编造或者篡改事实。掩盖事实相对容易,而编造和篡改相对来说需要比较高明的说谎技巧,因为说谎者需要无中生有,而无中生有就很容易露出破绽。当说谎者不断重复谎言时,难免会出现自相矛盾的地方,只要我们留心观察和分析,就很容易识破谎言。

美剧《别对我说谎》中有这样一个情节:识谎专家吉莉安负责调查一位国会议员,当吉莉安询问议员:"你上周五晚上是怎么度过的?"议员为了掩盖自己经常出入俱乐部的事实,开始编造所谓的"不在场证明",他说:"我去国会的健身房游泳,然后回家看文件,吃过晚饭之后,我出席了一场社交活动。"这位议员的表述十分平静自然,似乎看不出什么破绽。然而,吉莉安要求他倒着再描述一次,即从他做的最后一件事开始往回说。议员立刻显露出不安和惊慌,他开始语无伦次,完全不符合之前所描述的情形。

这是因为,当人们编造谎言时,倒着时间顺序来描述会非常困难。因为他们先前编造出来的情形并不是真正的记忆，虽然说谎者会事先准备好要怎么回答，却几乎从来不会想过还要倒着顺序准备一遍，所以会显得惊慌失措，立刻就暴露了自己。我国历史上也有类似的事例可供参考。

唐朝初年有一位官员叫李靖，被人诬告意欲谋反，唐高祖指派一名御史调查此事。刚巧这位御史是李靖的故交，他知道李靖为人正派、为官清廉，绝不会做出大逆不道之事，一定是遭人陷害。这位御史左思右想，想到一条妙计。他向皇帝请旨，请告密者共同前去查办此案，皇帝欣然应允。途中，御史假装丢失了告密者的检举信件，四处寻找，然后假装非常害怕的样子对告密者说："这下完了，重要的证据被我弄丢了，不过还好，有您在，劳烦您再写一份就是了。"

那告密者无从推托，只好硬着头皮，凭着记忆，又编造了一份假证据。御史将这份新检举信与原件一比较，除了告李靖密谋造反的罪名一样，所列举的证据大相径庭，时间、人物都难以对上，显然是恶意编造的诬告信。

御史巧妙地引出告密者自相矛盾、前后不一致的证据，揭穿了诬告谎言，使案件水落石出。

与前面倒着叙述的方法相类似，要求说谎者在不同时间重复自己所编造的谎言，同样可以让对方大乱阵脚。因为临时遗忘而编造另外的谎言，会让人抓住自相矛盾的地方。即使事先有很充裕的时间来准备，但假如他不够机灵，他也无法预想对方反问的所有问题，并仔细想好所有答案；而且，就算说谎的人很机警，当时的情况也可能引发突发事件，本来说辞或许能骗到别人，但是一旦发生这种突然改变，就会出现漏洞。

说谎大王都是"记忆专家"

说谎者在毫无准备的情况下，常常针对同样的问题编造出完全不同的答案，因为他也记不清自己上一次被问到时是怎么说的了。然而，如果说谎者事先知道将要面临询问，精心编造好一套说辞，那么他就会立刻变身为"记忆专家"，不仅很久以前的小事都能记得，而且每次回答的答案都一字不差，完全吻合。

警察在审讯犯罪嫌疑人时经常运用这一特征，如果警察讯问嫌疑人三个月前的某一天是怎么度过的，而嫌疑人能够说出那天去了哪里、做了什么，这就非常值得怀疑了。除非这一天是某人的生日或者其他具有特殊意义的日子，否则正常情况下人们连一个星期前的某一天做了什么都可能记不清了，更何况是几个月之前。

英国心理学家怀斯曼曾经做过一个关于谎言的实验。他让著名谈话节目主持人罗宾爵士说一段真话，再说一段假话，用录像机录下来之后让大家分辨真假。两段话的内容如下：

对话一：

怀斯曼："罗宾爵士，你好，请问你最喜欢的电影是哪一部？"

罗宾爵士："是《乱世佳人》。"

怀斯曼："您为什么喜欢这部影片呢？"

罗宾爵士："这是一部非常经典的影片，演员都很了不起，男主角是克拉克·盖博，女主角是费雯丽，整部影片非常感人。"

怀斯曼："那么您最喜欢其中哪一位呢？"

罗宾爵士："哦，盖博。"

怀斯曼："那么您最喜欢的这部影片您看过多少遍呢？"

罗宾爵士："嗯，（停顿）我想大概有六遍吧。"

怀斯曼："您还记得第一次看这部影片是在什么时候吗？"

罗宾爵士："电影刚刚上映的时候，应该是1939年。"

对话二：

怀斯曼："罗宾爵士，你好，请问你最喜欢的电影是哪一部？"

罗宾爵士："嗯，（停顿）应该是《热情似火》。"

怀斯曼："您为什么喜欢这部影片呢？"

罗宾爵士："哈哈，我每次看这部影片都觉得非常有趣，这部电影里有很多我喜欢的东西。"

怀斯曼："那么您最喜欢其中哪个人物呢？"

罗宾爵士："嗯，我想是托尼·柯蒂斯，他实在是太帅了。（短暂停顿）而且他非常聪明，他模仿加里·格兰特简直出神入化。电影里，他试图抵挡玛丽莲·梦露的诱惑，可他采取的方式实在太逗了。"

怀斯曼："您还记得第一次看这部影片是在什么时候吗？"

罗宾爵士："电影刚刚上映的时候，但具体是哪一年我记不清了。"

据罗宾爵士自己所说，他最喜欢的影片是《热情似火》，而《乱世佳人》则是他看过的最无聊的影片之一。我们来具体分析一下两段对话有什么不同。在第一段对话中，当怀斯曼问他最喜欢哪部影片时，他想都没想就说出了答案。按照常理，人们在回答自己"最喜爱的"一类问题时，至少会稍微做一番评估，除非预先想好了答案，才能如此反应迅速。其次，罗宾爵士清楚地"记得"自己在多年中总共看了六遍《乱世佳人》，对于自己看过很多遍的影片，一般人只会记得自己看过"三遍以上"或者"不少于五遍"等大概范围，"六遍"未免过于精确，有明显的造假嫌疑。最后，罗宾爵士清楚地"记得"影片是在哪一年上映的，而且回答相当迅速。一般情况下，即使是自己喜爱的影片，也不会刻意记得它上映的时间，何况是很多年前上映的老电影。这些迹象都表明，罗宾爵士在第一段对话中撒了谎，破绽就是他那惊人的记忆力。

总之，说谎大王都是记忆力很好的人。他们的话，说得越清楚越不可靠。

说话声音高而缺乏变化，是明显紧张的表现

人们说话时，不仅说话的内容在传达信息，说话的声音也能表达含义。我们可以有意识地控制自己说什么，但很难控制自己的声音，特别是在说谎时情绪紧张的状态下，即便能够毫不费力地控制措辞，也很难掩饰自己声音的变化。情绪会影响我们说话的音调、音质和音量。例如，人们生气时，说话声音会变大、语速加快、音调也会提高；当人们情绪低落时，说话比平时更慢，而且声音低沉、音量小。

人们在说谎时声音会变高，而且声调平平，缺乏抑扬顿挫。这是因为说谎者的声带像身体其他部位的肌肉一样，因压力而紧绷，所以音调变高。带有欺骗性质的陈述不会像发自内

心的坚定观点那样带有抑扬顿挫，而是呈现出缺乏变化的、平淡无味的声调。

说谎者的情绪差异也会导致不同的声调变化。有研究发现，当说谎者觉得自己有罪时，声音会变得像愤怒的时候一样，更快、更高、更大声；当说谎者觉得非常羞愧时，声音会变得像忧伤的时候一样，更慢、更低、更平缓。

通过语速也可以判断一个人是否在说谎。平时少言寡语的人突然故作姿态地高谈阔论起来，我们就可以据此推测这个人可能藏有不可告人的秘密。平时快人快语的人突然变得沉默寡言，我们就可以据此推测这个人很可能想要回避正在谈论的话题，或者对谈话对象怀有敌意和不满。

回答问题的速度也是重要的线索，特别是关于价值观和信仰方面的问题。作答并不需要时间考虑，但回答方式会影响别人对自己的看法。因此，说谎的人需要较长时间考虑之后，才会说出符合主流价值观的答案。同样，反应速度过快也很蹊跷，就好像事先已经准备好了答案，等着你问他。如果他平时说话慢吞吞的，却突然不假思索地给出一个答案，那么这个说法绝对不可信。

除了声音的变化和语速之外，人们在说谎时还会有其他一些典型的语言特点。例如，在谈话中停顿的时间过长或过于频繁，会拉长用来停顿的语气词，如"嗯……""哦……"，说谎者利用停顿的时间来思考下一步应该怎么说，或者直接因为紧张而变得结结巴巴。

根据有关研究，人们说谎时流露出的各种信号的发生率如下所示：

（1）过多地说些拖延时间的词汇，比如"啊""那"等占到40%。

（2）转换话题率为25%，比如，"因为临时有事情，那天去不了"。

（3）语言反复率为20%，例如，"本周的星期天吗？星期天要加班？"

（4）出现口吃现象的比例为9%，例如，"什，什么？"

（5）省略讲话内容、欲言又止的情况占5%。

（6）说些让人摸不着头脑的话。

（7）说话内容自相矛盾。

（8）偷换概念。

以上信号中，如果在对方讲话时有好几处得以验证，那就表明他可能是在说谎或者有难言之隐。当然，这只是研究得出的概率统计，仅供大家参考。总的来说，声音变化是判断一个人说谎与否的重要线索。当我们听别人说什么的时候，也要留心他是如何说的，这样才能有效地识别谎言。

提到的数字都是同一个数，或是它的倍数，可能在说谎

前面提到过，说谎大王通常都是"记忆专家"，他们能够清楚地"记得"很久以前的某一天自己去了哪里、干了什么。事先编造好的说辞可以一遍又一遍地重复，且一字不差。但是，一旦事情涉及数字，就没那么简单了。编造出来的数字会呈现出一定的规律，说谎者为了让自己的说辞显得流利顺畅，

通常会陷入数字的陷阱。为了不出错，他们总是使用相同的数字或者同一个数的倍数。

在一次面试中，面试官询问应聘者过去的工作经验。

面试官："你做过几年的销售工作？"

应聘者："我做过6年销售工作，分别在3家不同的家电公司。"

面试官："请谈谈你在上一家公司工作的情况。"

应聘者："我负责一个6人的销售团队，曾经连续3个月获得'最佳销售团队'的称号。"

应聘者在回答问题时反复提到3和6这两个数字。如果面试官足够聪明，应该知道这意味着什么。当数字信息重复出现时，往往并不是"纯属巧合"。

可见，虚构的情节总会显现出一些特征。除了重复出现的数字之外，事事完美的情节也是虚构事件的典型特征。诚实的回答通常同时包括正面和负面的情节，例如对方告诉你今天虽然路上堵车，但是他见到了多年的老同学，两人聊得很开心。而虚构的情节总是事事完美，人们在撒谎时总是会忽略掉那些负面的东西，好让别人听起来更容易相信，而这恰恰就是谎言的破绽之一。不过，存在一种例外情况，如果你要求对方解释约会迟到的原因，他会告诉你路上塞车、出门忘带东西又返回去取等理由。在对这类问题撒谎时，大多数人则会编造一些令人头疼的、负面的情节，这就要另当别论了。

虚构情节的第三个特征是不涉及他人的观点，即第三人的想法和态度。尽管人们说谎时会非常谨慎地编造故事情节，但是他们通常只能顾及自己的思维层面。要把其他人的观点加进来不是件容易的事，一旦加入，谎言被识破的风险会立刻增加。

因此，虽然人们的谎言中常常提及他人，但是几乎不会把他人的观点纳入其中。

例如，你问女友周日的行踪，她说和朋友出去逛街了，具体可能有两种不同的描述：（1）"我和娟姐去西单逛街了，她买了两条裙子，我本来看上一双高跟凉鞋，可惜没有我的尺码。"（2）"我和娟姐去西单逛街了，她买了两条裙子，她说我的眼光真好，帮她挑的裙子都特别适合她。我本来也想买一双鞋子，可惜没有我的尺码。"乍看之下，这两个回答相似，唯一的差别在于第二个回答包含了第三人的观点，即娟姐对"我"挑衣服眼光的评价。这样的回答更可信，而如果女朋友的回答是第一种，那么你或许应该再多问几个问题来试探真假。虽然不涉及他人观点的回答未必一定是假的，但包含了他人观点的回答，通常是更值得相信的。

总之，当提到的数字呈现出相似规律，如是某个数字的倍数，或者回答中不涉及第三者的评价时，有可能是在说谎。

第十四章
从行为举止看相处之道

对你彬彬有礼的人
不欢迎你太亲近

人们之间相互交流的语言是反映关系亲疏的重要标志。仔细想想你会发现，和闺密、死党在一起时，说话总有些大大咧咧，想说什么就说什么，甚至互相"使唤""数落"对方，反而更凸显友谊深厚。爱人之间更是如此，所谓"打是亲，骂是爱"，打打闹闹的夫妻情谊深；相反，"相敬如宾"则很有可能演变成"相敬如冰"。反过来，和不熟悉的人交往，人们会十分注重礼貌和礼节，说话做事都小心翼翼。语言可以拉近或推远彼此之间的心理距离。保持适当的心理距离是人际交往的必要条件。然而，如果一个人对你总是彬彬有礼，那就不只是礼貌，而是一种自我保护与防卫。

晓媛进入公司已经两个月了，生性活泼的她与办公室的同事相处得不错。其中一个女孩对晓媛总是非常客气，"请""没关系""谢谢"这些词总是挂在嘴边。一开始，晓媛觉得这个女孩很有修养，于是想接近她并和她交朋友，后来慢慢发现，她其实不太喜欢自己，两人关系总是不远不近，反倒是那些互相打趣、开玩笑的同事和自己成了要好的朋友。

可见，礼貌有时被人们当作与人保持距离的武器。对于不想亲近的人，人们不好意思直接说"我不喜欢你，请你离我远一点"，于是采用这种婉转的方式。见面会报以微笑，说话也总是很客气，甚至有时候过分客气得让你觉得不好意思。这就是对方在暗示你"我把你当成外人，不想和你太亲近"。如果有人这样对你，千万不要误会他是个"十分懂礼、有修养的人"。真正有修养的人不会让别人感到不舒服。遇到这种情况，最好知趣地应酬几句就走开，别把对方的礼貌当成对你的好感。

日本语言学家桦岛忠夫说："敬语显示出人际关系的亲疏、身份、势力，一旦使用不当或错误，便会扰乱应有的彼此关系。"在某种无关紧要或特别熟悉的人际关系中，我们根本没有必要使用敬语。如果在很亲密的人际关系中，有人突然使用敬语对你说话，那就得小心了：是否在你们之间出现了新的障碍？如果在交谈中常常无意识地使用敬语，就说明与对方心理距离很大。过分地使用敬语，就表示存在激烈的嫉妒、敌意、轻蔑和戒心。所以，当一个女人对男人说话时，若使用过多的敬语，绝对不是表示对他的尊敬，反而是表示"我对他一点意思也没有"，或是"我根本就不想和这类男人接近"等强烈的排斥反应。

有些人虽然彼此交往很长时间，双方也很了解，但对方依然在言辞上很客气，说话也十分谨慎，谈话总是停留在寒暄的层面。在这种情况下，对方如果不是在心理上怀有冲突与苦闷，就是在心中怀有敌意。为求掩饰，便启动反作用的心理防卫机制——对人更加恭敬。这等于说，这类以令人难以忍受的过分谦恭的态度对待别人的人，内心里往往郁积着对别人的强烈攻击欲。

总之，无论是哪一种情况，如果有人总是对你彬彬有礼，即使认识很长时间了也一直如此，那么请提高警惕。对方心里可能从未把你当成朋友，你最好也敬而远之，大家相安无事。

初次见面
就有身体接触的人过于自信

在生活中，我们经常会遇到这样的情况：你的上司，或者资历比你深的同事，在你加班到很晚时，会拍拍你的肩膀，并说些鼓励的话；或者，当你要进行一项比较重要的任务时，他们会拍拍你的后背，说："加油！"还有的时候，老板在听完某位员工的述职报告后，会简单地轻拍一下该员工的背部。当他们接触我们的身体时，我们会感到很踏实，有被信任和重视的感觉。

为什么我们会有那样的感觉呢？这是因为，一般情况下，人会根据对象的不同来调整自己与他们的距离。当我们和喜欢的人说话时，会不自觉地靠得很近；和不喜欢的人说话，则会保持一定距离。当我们的上司或者资历比较深的同事拍我们的肩膀时，这已经不只是靠得很近，而是有了身体接触，这是一种亲近和信任的表现。他们的这些身体接触往往表示对我们工作的肯定和鼓励，所以我们能愉快地接受。

但是，有的人初次见面就会触碰对方的身体，这是过于自信的表现。因为一般情况下，人们都会觉得和不熟的人有身体接触会令对方厌恶，所以初次见面时，会保持一定的距离。但是，这些初次见面就触碰对方身体的人并不这样认为，他们会有一种居高临下的优越感，觉得自己拍对方的肩膀或者后背，对方会很高兴。

因此，当你和对方初次见面，对方就与你有身体接触，这说明对方是一个过于自信的人。不过，不同的身体接触部位，也可能说明不同的含义。

1. 对方轻轻触碰你的手，是想给你留下好印象

美国的心理学家研究发现，有意识地轻轻触碰一下对方的手，可能会让自己给别人留下很好的印象。而且，如果对方从事的是服务行业工作，那么他的这一举动就可能是想博取你的好感，从而使自己获得更多的小费。因为心理学家专门做过一个小测验。他们让一家饭店的部分服务员在客人结账时，有意识地轻轻触碰一下客人的手肘或是手。结果发现，这样做的女性服务员从客人那里得到的小费要比没有这样做的女性服务员多40%左右；而男性服务员也这样做时，其所得小费也要比没有这样做的男性服务员多30%左右。

2. 对方接触你的手肘，是想拉近你们之间的距离

由于大多数人不把手肘当作个人的私密空间，因此选择这个部位碰触通常不会让人感觉到被侵犯。并且因为大部分人并没有和陌生人身体接触的习惯，这样短而轻的碰触刚好能给对方留下印象。因此，如果对方轻轻地、短暂地碰触你的手肘，是想拉近你们之间的距离，从而使你更加认真地倾听他，并加深他在你心目中的良好印象。所以说，初次见面就有合适的身体接触，可以给别人留下好感。

总之，如果是初次见面，或者在双方不熟悉的时候，就和对方有身体接触的人，是过于自信的。如果运用得当，会取得良好的效果，这样的人也比较容易获得成功。

习惯性迟到是因为态度傲慢

有些人总是习惯于迟到，少则几分钟，多则也不超过二十分钟。其实只要早一会儿从家里或单位出来，就可以避免迟到，但是他们就是做不到。而且，每次迟到都要费尽心思地找借口，诸如"堵车""忘记东西又回去拿了一趟""表坏了"等，然后下一次继续迟到。

你身边有这样的人吗？他们平时做事态度可能也不错，肯定也不是每次都迟到，但是和你约好见面时，却总是习惯性地迟到几分钟。如果你的身边有这样的人，那么你要注意了，因为习惯性迟到是态度傲慢的表现，意味着他看不起你。在他看来，你是无关紧要的，迟到一会儿，给你造成麻烦，也没有关系。所以，他才会一直迟到。

总是迟到的人，比较自私。他们不考虑对方，只想到自己。不过归根到底，还是态度傲慢，觉得自己居于上位，迟到也没有关系。遇到这样的情况，你应该先反省一下，看看自己是否也常迟到。如果有，先改变自己的这个坏习惯；如果没有，就应该根据情况采取措施。不过，如果对方是你的上司，那你只好忍耐了。但是，如果对方是你的同事，哪怕是资历比你深的前辈，你就要想办法解决这种状况。因为如果你一味地迁就他的迟到，只会被他一直小看。

不过，也有故意迟到的情况，以此来试探对方对自己的重视程度。比如，在恋爱中，经常会有女孩故意迟到，看男朋友是不是等得不耐烦了。一旦发现有焦躁的情绪，就会想：我才迟到10分钟，他就生气了，可见他并不爱我。

如果你等的人迟到时间超过了20分钟，那就不仅是态度傲慢的问题了。根据一项调查，当"等待的人一直不来"的状态持续20分钟后，人就会开始焦躁。所以，迟到20分钟，就是在挑战对方忍耐力的极限。如果你等的人迟到20分钟，这只能说明他工作秩序混乱，组织性不强。也可以说明，他想借迟到故意抬高自己，向你施压。因为让人等待是一种压低对方身份，进而抬高自己地位的手段。因此，在碰到这样的人时，应该提高警惕。

也有一些人，习惯于有计划地防备意外发生，不想急急忙忙地赶过去，所以总会比约定的时间早一些到达。这样的人守时，对自己要求严格，个性比较体贴，或者不想被人抓住弱点，留下不好的印象。但是，如果有人提前到达30分钟，这也不是好习惯。早到这么久，说明对方的性格比较急躁，沉不住气，总是想早点见到对方。

一个人守时是言而有信、尊重他人的表现，而习惯性迟到是态度傲慢、不懂得尊重他人的表现。所以，当你碰到这样的人，一定要注意，他迟到背后是对你的轻视。

总往人群里钻的人，内心渴望被关注

有些人喜欢清静，看到人多就迷糊；而有些人喜欢哪儿人多往哪儿挤，跟一大群人凑一块儿，吃零食、喝茶水，或者聊天说笑。这时你若看他，他一定是小脸通红，显得特别兴奋。像这样喜欢一头扎进人堆里的人，往往是内心渴望得到别人关注的人。他很孤独，又有点虚荣心，希望自己成为人群中的"明星"人物，希望镁光灯都打到他的身上，希望大家把目光都聚焦在他身上，这样他就能获得一种内心的满足。

喜欢往人群里钻的人，在一圈人聊天时，他的嗓门最洪亮，总是试图盖过别人的声音，甚至还会做一些夸张的动作和表情，讲一些夸张的故事。只要能让他在人群中突显出来，他就会感觉很高兴。自然，他最兴奋的是大家都谈论他，都和他有说有笑。反之，如果大家对他的表现反应冷淡，他就会很委屈，脸上的兴奋很可能在瞬间就暗淡下去。

在工作中，喜欢往人群里钻的人，他们喜欢故意制造一些小噱头来吸引大家的眼球，即使大家都忙于手头的工作根本无暇顾及。他们希望得到别人的关注，这也体现出他们对集体的依赖感。他们身处集体中，总是渴望被关注，希望成为这个集体中最耀眼的人物。而如果没有人关注他，他会感到孤独无望，即使给他多加薪水，他也不一定能高兴起来。

所以，如果你正和朋友说话，忽然钻进来一个人非要问问你们在说些什么，那么这个人很可能是内心很渴望被关注的人。如果他没有恶意，不妨多听听他说话，以满足他的心理需求。

生活中，还有另外一种人，无论你和朋友在做什么，他都喜欢跟在你们身后，这也是内心渴望被关注的典型表现。一般来说，他是依赖心理比较重的人，做事习惯了被领导、被安排，喜欢听令行事。他内心渴望被关注，但又与喜欢往人群里钻的人有所不同。他不是想成为人群里的焦点，他只是希望有人可以把他的一切都安排好，因为他懒得去打理自己的生活。

如果是跟朋友一起出去逛街，他常常是走在最后面的那个。因为他往往不知道下一站该往哪里走、要买什么东西、中午在什么地方吃饭，他喜欢听从他人的意见，"一切您说了算"是他的心理写照。

这或许与他们的成长环境有关。这类人往往是家里的独生子，或是家里年纪最小的一个孩子，他们习惯了依赖父母或哥哥姐姐，习惯了被人照顾、被人指挥。无论长多么大，他们的内心总像个孩子一样，渴望着别人关注，渴望着别人照顾。

所谓"在家靠父母，在外靠朋友，在公司里依赖同事，"就是他们的真实写照。生活中，他们大小麻烦不断，总是依靠别人的帮忙才行。这种人还十分懒，常常会做一些不劳而获的梦，洗衣服、煮饭等家务几乎都不会做，因为从小到大他们几乎没有做过家务。在公司里，除了自己的工作任务，其他人的工作他从不过问。他们的依赖心理和懒散相互作用，越是犯懒，依赖心理就越强。当有一天身边没人可依靠时，他们甚至会有一种想哭的冲动，觉得自己十分孤独和可怜。

所以，无论是往人群里钻的人，还是在人群后亦步亦趋的人，都是内心感觉孤寂，渴望被关注的一类人。

签名时名字向右的人积极向上

我们经常说,"大名鼎鼎"或者"名不见经传",可见名字的重要性。虽然名字是一个人的身份代号,但是古往今来,有多少人想名垂青史,由此可见人们对自己名字的重视。时至今日,人们的交际圈越来越大,交际活动也越来越频繁,亮出自己名字的机会也越来越多,于是签名成为人们一项重要的交际内容。签名有美有丑,有大气也有小气,千姿百态,它不仅能让别人获得签名者的个人信息,还反映出签名者的性格。

有的人在签名时,喜欢将名字写得向右倾斜。这样的人信心十足,热情洋溢,积极向上。他们总是一副充满朝气的样子,在遇到困难的时候,很难被打倒,而是用坚定的信念去克服困难,用积极向上的心态来迎接挑战。他们也总是一副和蔼亲切的样子,在人际交往过程中经常主动向别人靠拢,别人也会笑脸相迎,和他们愉快地交谈。

但这并不是他们成为社交高手的主要原因,他们真正高明之处是"醉翁之意不在酒"。在交往的时候,他们表面热心参与,而实际上置身事外,对全局进行缜密的观察和了解。别人的一举一动几乎都逃不过他们的眼睛,所有的发展变化都在他们的掌控之中。因此,这样的人是非常成功的,他们不仅能够积极向上地应对人生,还能伺机而动,实施自己的计划。

有的人喜欢名字往上写。这种类型的人,一般都是有雄心壮志的人。他们不畏辛劳,坚定执着地朝着自己的理想前进。

他们和喜欢把名字向右写的人一样，也有积极向上的精神，会想尽办法战胜眼前的困难。他们喜欢荣誉和鲜花，非常热衷世间的一切享受，这也是他们不懈努力的最终结果。他们可以成就大的事业，但同样也会将灾难降临到别人的头上。

有的人在签名时，喜欢把名字向左写。这样的人，一般不喜欢按照常规办事，喜欢创新，追求不同凡响。如果他们喜欢某个人，就会冷酷到底；如果厌恶某个人，则会表现得热情周到。他们喜欢表现自我，在陌生人面前直言不讳，而他们认真诚恳又不失幽默的表现往往会获得大众的喜爱。

有的人喜欢把名字向下写。这样的人，通常都是消极的等待者或妥协者，总是一副有气无力的样子，犹如大病初愈，又好像历尽了沧桑和磨砺。他们自信心不足，不敢畅想未来，见到别人取得荣誉，虽然有时也会热血沸腾，但转眼间又会随波逐流。

有的人喜欢把名字写得特别大。这样的人表现欲望强烈，喜欢招摇过市；注重表面文章，总是把大量精力用在穿着打扮上，能给人留下良好的视觉感受，但不会让人对他们念念不忘，因为他们没有办法打动他人的内心。他们总喜欢将众多任务揽于一身，然而他们的工作成绩却暴露出他们的真实面目，那就是他们能力有限，遇到困难时显得软弱无能，更有甚者无法有始有终，所以他们没有成就大事的可能。

而有的人喜欢将名字写得特别小。他们的性格与把名字写得特别大的人截然不同，不喜欢在大庭广众之下抛头露面，引人注意。他们对自己没有足够的信心，工作上的表现虽然不是十分主动，但属于自己的工作都能集中精力完成，没有很强的功利心，喜欢平淡的生活。

总的说来,人们的签名各有各的特点,也反映出各种不同的性格。只要我们用心观察,通过一个小小的签名,就可以洞察他们的心理活动。

第十五章
生活细节中的个性痕迹

发微信多使用表情符号的人小心翼翼

现在的年轻人，可以不打电话，但不可能不发微信。微信已经成为我们表达自身思想感情最贴切的工具。那么，在发微信时，你使用过表情符号吗？这时，女性朋友的答案一般是肯定的，至少，她们不会一次都没有使用过。而男性可能不会经常使用表情符号，但是，当收到女性发来的含有表情符号的微信后，很多男性会在回复时加入表情符号。这是男性很有趣的一种心理。

这是为什么呢？一般男性会认为，如果对方给自己发的微信里有表情符号，自己要是都用文字回复，会显得自己很无趣。于是，他就会选择顺着对方的方式。他们如此在乎对方的反应，说明内心不自信。这种情况在女性中也同样适用。因此，在习以为常的微信交流中，在看似平淡无奇的微信内容里，隐藏着解读对方性格和心理的密码。

还有的年长上司爱用流行语或网络用语，或者常常讲笑话，以此博得周围人一笑。他们总是故意让自己显得有趣。这也反映出他们内心的不自信，因为他们对自己所考虑的事或想说的话缺乏自信，总是试图在迎合他人的过程中获得肯定。

在我们日常生活中，除了发微信，电子邮件也是一种非常便利的交流工具。通过微信，我们可以判断一个人的性格；而与之相反，电子邮件会呈现出"电子邮件人格"，即通过电子邮件内容了解到的发信人的性格与其实际性格不一致的现象。比如，有些人的电子邮件写得很诚恳，让人感觉是个诚实的人，但实际接触以后才发现，那是个非常狡诈的人。或者，某人写的电子邮件看起来冷冰冰的，让人感觉他很容易发怒，可实际上那个人的性格却很温厚。

这是因为在普通的交往中，我们会根据对方态度的变化控制自己的言行，即所谓的"察言观色"。然而，通过电子邮件交流却无法观其色、闻其声。写邮件时，完全是自己一个人在表达，还可能处于一种兴奋状态，感情和情绪等有时甚至容易失控。这样写出来的邮件，肯定容易被对方误解。

此外，我们在说话的时候，会根据对方的眼神、服装、动作等各种各样的信息来分析其状态、判断其性格。然而，在读电子邮件时，根本看不到对方的样子，只能根据邮件内容来想象对方的状态和性格，这样自然容易产生误解。因此，当我们通过邮件判断一个人的性格和心理时，一定要慎重。也正因如此，我们在发微信或者发邮件时，才会选择使用最能表达我们心理活动的表情符号，小心翼翼地表达自己的想法，以免被别人误解。反过来讲，频繁使用表情符号来辅助表达想法的人也就是小心翼翼的人。

总之，在生活中，通过观察对方发微信、发邮件等习惯细节，就可以大致判断对方是个怎样的人。

喜欢在咖啡厅谈话的人，
谨小慎微

环境可以影响人，同时，人也会选择适合自己的环境。因此，从一个人习惯谈天的场合，可以看出他们的性格。

比如，有的人喜欢在咖啡厅或者茶馆里谈话。这样的人一般比较谨慎，办事小心，不喜欢露出自己的真面目，也不希望别人看穿自己的内心想法。所以，他们会选择在人比较多、没人注意的咖啡厅或茶馆里谈话，这样会让他们有被掩护的感觉。如果你和这样的人交往，最好让他们先开口，因为他们不喜欢自己的想法被他人猜到。

另外，如果有人选择和你在咖啡厅见面，这也说明这个人的个性较为节俭、务实。他或许不愿意，或者没有能力为了追求美食或者塑造形象而花费很多钱。他约你在咖啡厅见面，纯粹是想和你聊天，而不是想向你展示他的财富或者地位。并且，如果是商人请客户到咖啡厅吃饭，这说明两个人的关系非常好，双方都无须自我炫耀。

喜欢在饭店大厅谈话的人，大多是胆量大、有智慧的人。他们通常拥有较高的社会地位，也具备领导能力或有成为领导的企图。因此，和他们沟通时，千万不能用威胁性的语气，否则对方会拒绝和你交谈。

也有人喜欢在俱乐部或者酒吧谈话。这样的人大多有沽名钓誉之嫌。因此，当你和这样的人打交道时，多称赞他们的做事方式或决策就可以了，他们会很乐意与你有进一步交流。

有人喜欢在公园、露天餐厅等户外环境谈话，这表明他们的心胸较为开阔，容易接受新事物，不喜欢固定的模式。这里需要注意的一点是，对方可选择的空间越大，所透露出的信息就越多。比如，你在周末的下午看到两个朋友在公园里打网球，这说明他们肯定喜欢户外运动，愿意花时间和朋友边运动边聊天。但是，如果其中一个人是在公司举办的野餐会上打网球，你就不能马上得出上面的结论。即使他打得很高兴，你也只能判断出当他不得不接受某项安排时，仍能愉快地接受并乐在其中。

还有人喜欢在办公室里谈事情。这样的谈话通常表明他们有诚意，对工作也很有信心，他们对你是很认真且重视的。所以，你和这样的人交往，也应该表现得专业一些，让他们明白你同样很用心。

最后应该注意的是，在根据谈话场合判断对方性格之前，要先弄清楚对方在该场合花费的时间。比如，一个人每个星期天都去参加志愿者活动，这说明帮助他人对他来说很重要，但并不能表现出乐于助人在其生活中所占的比例。但是，如果这个人不仅星期天去参加志愿者活动，周五晚上还要去敬老院照顾老人，周六还要带孤儿院的孩子们去公园玩，那么你就可以大胆判断，帮助那些需要帮助的人，在他的生活中占据很高的比例。因此，一个人在某一场合花费的时间越多，越能反映出他的性格和心理。

总之，从一个人习惯在什么场合谈话，以及在这个场合谈话的频率和时长，可以大致判断出他是一个怎样的人。

字体较大、笔压无力、字形弯曲的人，和蔼可亲

笔迹作为人们传达思想感情、进行思维沟通的一种手段和方式，也是人体信息的一种载体，是大脑中潜意识的自然流露。不同心境下写出的字，笔迹也不相同。但在长时期内，字体的主要特征，如运笔方式、习惯动作、字体开合等是不变的。近期的字更能反映出最近的思想、感情、情绪变化和心理特点等。笔迹分析的方法有很多，通过观察笔迹来洞察人的内心世界，可以从三个方面入手，即笔压、字体大小、字形。

笔迹特征表现为字体较大、笔压无力、字形弯曲、不受格线限制，具有独特风格，容易变成草书；有向右上扬的倾向，有时也会向右下降，字体稍显潦草。这样的人和蔼可亲，容易与人相处，善于开展社交活动。或许他们并没有刻意去结交朋友，但是他们体贴、亲切的性格，使他们能够很快和别人打成一片。这种类型的人，在气质方面具有强烈的躁郁质倾向。另外，他们待人热情，兴趣广泛，思维开阔，做事有大刀阔斧之风，但存在不拘小节、缺乏耐心、不够精益求精等不足。

而有的人，笔迹特征表现为字形方正、笔压有力、笔画分明、字字独立、字的大小与间隔不整齐，具有自己的风格，但笔迹并不潦草。字的大小虽有差异，但一般而言，字体显得较小。这类人不善于交际，属于理智型。他们处事认真，但稍欠热情；对自身相关的事很敏感、害羞，对别人却不甚关心，反应较迟钝；在气质方面具有分裂质倾向。一般情况下，他们都

有较强的逻辑思维能力，性格笃实，思考问题周全，办事认真谨慎，责任心强，但容易循规蹈矩。

有的人笔迹特征表现为字形方正，字体稍小，有独特风格，尤以萎缩或扁平字形居多。字迹大多各自独立，无草书，笔压强劲；字的角度不固定，但字体并不潦草。这类人气量较小，凡事都缺乏自信、不果断，极度介意别人的言语与态度。简而言之，属于神经质性格的人。他们具备把握和控制事务全局的能力，能统筹安排；为人和善、谦虚，能注意倾听他人意见，体察他人长处；右边空白大者，凭直觉办事，不喜欢推理，性格比较固执，做事易走极端。

有的人笔迹特征表现为每次书写时，字体大小与空间大小无关，字形稍圆且弯曲，有时呈直线形，有时字形具有独特风格，有时则工整而有规则；大小、形状、角度、笔压均不固定，潦草是其显著特征。这类人虚荣心强，极重视外表，经常希望以自己的话题为中心，因此话很多；不能体谅对方立场，缺乏同情心与合作精神；由于以自我为中心，因此容易受煽动，亦容易受影响。另外，这类人看问题非常现实，存在消极心理，遇到问题总看阴暗面、消极面，容易悲观失望。字行忽高忽低，表明情绪不稳定，常常随着生活中的高兴事或烦恼事而兴奋或悲伤，心理调控能力较差。

汉字的发明是一个奇迹，而汉字的笔迹与书写者的个性之间更有着神奇的联系。这也可以从不同的角度去认识。

比如，从运笔走势上看，运笔有力、笔力浑厚，说明书写者性格刚强，气魄宏大，且有强烈支配别人的意愿，但这种人往往过于自信或容易自满；运笔协调流利、轻重得当，说明书写者善于思索，爱动脑筋，有较强的理解分析能力，善于随机应变；如果运笔轻浮，说明书写者缺乏魄力和毅力，在生活中常常不能如愿以偿。

从书写是否流利上看，如全篇文字连笔甚多、笔速极快，说明书写者充满活力，待人热心，富有感情，并且动作迅速，容易感情冲动；如全篇文字工笔慢写，笔速缓慢，说明书写人性情和蔼，富于耐心，善于思考，办事讲究准确性和条理性，不善谈吐，但往往有巧于应机发言的才能。

从字形架构上看，字体简洁明了，没有花样和怪体，说明书写者比较诚实，办事认真细致，心地善良，能关心他人。如果字体独特，伴有花体和怪体，并夹杂许多异体字和非规范字，则说明书写者有较丰富的想象力和幽默感，但爱吹毛求疵，自我表现欲强，这种人多半多愁善感，很在意外界对自己的看法。

从外观轮廓上看，全篇字体大小适中、端正工整，说明书写者平易近人，温柔审慎，行动从容不迫，遇事较为持重。如字体很长，则说明书写者活泼好动，有较强的主动性和自信心。字形很大，甚至不受纸上格线的约束，书写者往往是办事热情、锐气洋溢，并可能在许多方面有所擅长的人，但这种人缺乏精益求精的态度。字形很小，则说明书写者精力集中，有良好的注意力和控制力，办事周密谨慎，看待事物往往比较透彻。

从大小布局上看，全篇文字松散却不凌乱，书写者往往是热情大方、不拘小节的人。这种人喜欢直言不讳，善于交际，能与朋友友好相处，别人征询他的意见时能以诚相见，还能宽恕他人的过失。全篇字迹密集拥挤，书写者通常沉默孤僻、谨小慎微，不善交际。

总之，可以从不同的角度去分析人们的字迹，而不同的笔迹能够反映出人们不同的性格。

照相总是站在别人旁边的人，凡事不会自己做主

在平时生活中，很多人喜欢照相。节假日里，人们会和家人或者朋友结伴出游，去一些风景优美的自然景观，或者是具有历史厚重感的人文景观，然后拍照留念，这的确是一种不错的选择。而从一个人拍照时所站的位置，我们还可以判断出他的性格。

比如，有的人照相时总是喜欢站在别人旁边，这样的人其实缺乏主见，凡事不会自己做主。他们总是喜欢依赖别人，希望别人帮自己做决定，但需要自己做决定的时候就不知所措，既下不了决定，也不想自己做决定。他们喜欢和有主见的人在一起，这样无论干什么都会有人帮他们做决定。他们也不善于和别人沟通，不喜欢结交新朋友，总是喜欢和自己依靠的人待在一起，这样会让他们有安全感，也会使他们开心。

凡事不能自己做主，说明还不够理智；凡事害怕自己做主，说明还不够自信。因此，照相喜欢站在别人旁边的人，是没有主见，不够理智，也不自信的。不仅如此，从一个人在团体合照或者独照中的表现，也能判断出其性格。一般情况下，团体合照可以反映出人与人之间的关系是好是坏，以及这种关系是不是像表面所呈现出来的那样好或者坏，而独照则能解读

出这个人自身的状况。其中，最容易判断的根据是视线与镜头的关系。

直视相机镜头的人，往往很自信。这样的人性格外向，乐观随性，喜欢表现自己，希望别人看到自己的优点。他们的精神通常都很饱满，好像不知道疲惫，也会给他人带来精神。他们在拍照时通常会露出灿烂自信的微笑，旁人都能感受到他们拍照时的喜悦。

闭着眼睛，或者在拍照时将视线移到镜头以外的地方的人，往往对自己的外貌、能力、性格不自信。他们通常比较消极，有点胆小，经常会怀疑自己的能力和性格。他们不喜欢热闹的场景，也不太喜欢拍照，当无法避免拍照时，就会把自己的视线移开。

还有的人，在拍照时会考虑视线与镜头的关系，选择站在左边或者右边面对镜头，是想看哪一边更适合拍照。这样的人很在意别人的想法或意见，很介意别人怎么看待自己。所以，他们在照相时总是先考虑怎样看起来效果好一些。

总之，从照相时人们站的位置以及他们的视线与镜头的关系，可以推断出这个人的性格。

看他把手机放在哪里

手机是大多数人随身携带的物品之一，观察一个人放手机的方式也能有所发现。

1. 置于手中

手是人体活动最为频繁的部位之一（另一个是腿，但通常人们不会将手机放在腿上）。习惯将手机一直拿在手上的人，一般都精力充沛，也就是所谓的工作狂，不到非休息不可的时刻，他们绝不会上床休息。你甚至可以在浴缸里或客厅的沙发上看到他们疲惫的身躯。

2. 置于上身

这类人用完电话后，总会习惯性地将手机插在上衣上方的口袋里。这表明他们做事有条不紊，会尽一切努力让生活朝着自己的目标前进。他们富有心计，即便现在还年轻，尚未达到最高层的职位，但数年之后很有希望晋升。

3. 置于裤袋

总是将手机置于牛仔裤或西装裤后口袋的人，表达方式友善、温和，但内心却带着浓浓的戒备心。他们总有一些不希望他人知道的隐藏在内心深处的小秘密。他们对越疏远的朋友越显得亲密友好，而对越接近的朋友，则会表现得非常冷漠，甚至刻意疏远。他们的情绪起伏很大，多是由心里那些不为人知的小秘密所致。

4. 置于包中

将手机放到背包或公文包里，这被白领公认为是最安全的地方。习惯这么做的人，做任何事都会深思熟虑、小心翼翼。他们对自己的要求很高，自尊心特别强，平时注重风度，姿态优雅，对人亲切却很少主动与人交往。他们常常有着无限的潜力与能量，只要有一次机会，就有可能平步青云。

总之，我们只要多观察人们将手机放在什么位置，就可以据此判断出他们具有怎样的性格。

第十六章
从消费习惯看人生态度

讨厌折扣促销的人
最害怕和别人一样

在日常生活中,当我们看到打折商品,或者让利促销的物品时,往往会忍不住购买。这种情况在女士中更为常见。有人曾这样形容女性:"她们见到打折的东西,都以为不要钱了。"确实如此,哪怕不是很需要,但只要看到商品在打折,比较便宜,她们会忍不住买上一大堆。

因此,有的人通过电视、网络或者其他渠道得知某商场打折的消息后,会在打折的第一天就去抢购,而有的人却对打折商品漠不关心。从这两种不同的行为表现,可以推断出他们不同的心理和性格。

讨厌折扣促销的人,往往害怕和别人一样。他们有自己独立的价值观和购物观,不是那种一见到便宜商品就改变原则的人。他们秉持着"需要就买,不论价格,不需要的话,多么便宜也不买"的理念。这类人很强调个性,因此不愿意随波逐流,也不喜欢和别人拥有同样的东西。这样的人,大部分是独立性很强的自信者,他们对各种事物或者人群都会适当保持距离,不知不觉地采取疏远的态度。他们的优点是沉着冷静,不会在人群中迷失自我,他们的缺点也是如此,会让人觉得他们冷漠且顽固。

而有的人很喜欢打折的物品。他们一看到相关消息,就会想:"又打折了,我一定要多买一些东西。""太便宜了,多买一些,太划算了。"这样的人非常合群,渴望得到他人的喜欢或认同。

在人际交往中,他们很担心和别人发生不愉快的事,因为这会深深地影响他们的情绪。他们也比较胆怯和保守,不想得到错误的答案或评价,承受挫折的能力也不强。而且,他们有很强的经济观念,十分看重金钱,所以才会在看到便宜的打折物品时趋之若鹜。不过,这样的人通常没有主见,看到打折的东西就买,很多时候会在一大堆人疯狂购物的氛围中,不知不觉地买下很多根本用不上的东西。他们贪的都是小便宜,看似很会省钱,其实买下许多用不着的东西也是在浪费钱。而且,他们缺乏计划和原则,看到别人怎样,就会追随别人。

还有的人喜欢"开盲盒"。所谓"盲盒",就是商家出售的一种具有未知性的商品。有的"盲盒"价格超高,有的"盲盒"价格很便宜,任何人都买得起。不过,"盲盒"里面的物品价格通常比平时更为实惠。但是在购买之前,并不知道里面都有什么。有的时候,里面的东西可能不符合个人喜好,或者自己已经有了,又或者大小不合适等。因此,购买"盲盒"具有一定的风险性。喜欢购买"盲盒"的人,很少拘泥于个人喜好,能够广泛地接纳各种事物。他们不把风险当回事,喜欢刺激。他们是乐天派,很少后悔,总是向前看。他们也很会玩,不管做什么事都能乐在其中。此外,他们喜欢热闹,喜欢节日。

总之，当商家打折促销或出售"盲盒"时，观察哪些人被吸引，哪些人不为所动，便可以判断出他们的性格特点。

收到账单后立即付款的人很有魄力

在日常生活中，结算各种各样的账单已经成为我们消费过程中非常重要的一环。从人们采用什么样的付款方式，在一定程度上可以看出这个人的性格特征。

有的人在收到账单后会立即在网上付款。他们一旦收到账单，便一刻都不会拖延，哪怕手头有事，只要不是特紧急重要的，都会先放下手头上的事去付款。这样的人大多很有魄力，他们不管面对什么事，都能说到做到、当机立断，从来不会拖拖拉拉、纠缠不清。对于感情的事，他们也拿得起放得下，喜欢就去追，追上了就会对他（她）好，没感情了就会放手，开始新的生活。

他们的个性也很独立，什么事都想自己完成，不管在什么方面，都不想欠别人的，不过对于他人亏欠自己倒是可以接受。他们为人真诚坦率，对朋友很讲义气，因此人缘很好。他们做事注重效率，什么都想最快最好地完成，如果有什么事阻挡了他们完成任务，他们会想方设法地创造条件完成。

和立即付款的人相反，有的人在收到账单后，能拖多久就拖多久。这样的人大部分比较自私，总想着占点小便宜，盘算着如何以最小的付出甚至不付出就能得到尽可能多的回报。他们缺乏公平的意识，一般情况下，很少关心和帮助别人，对人不冷不热，哪怕是对熟悉的人也很少付出真心。

有的人在收到账单后，总是喜欢让别人帮他们付款。这样的人常常无法坚持自己的立场和原则，很难成为领导。因为他们习惯于服从他人、依赖他人。而且，他们的责任心也不强，遇事总会找各种理由或借口推诿，在挫折和困难面前还会胆怯和退缩。

有的人恰恰相反，在收到账单后喜欢亲自去付款。这样的人大多比较保守，是传统型的人。他们对新鲜事物的接受能力比较差，缺乏冒险精神，喜欢坚守一些过时的事物，过着循规蹈矩的生活。他们缺乏安全感，容易怀疑别人，认为凡事只有自己亲自参与，才会可靠。他们的自卑心理也比较重，但是又很希望获得他人的肯定和认同，内心比较矛盾。

喜欢把钱存定期的人，
比较稳重

当我们手头有了一些钱，就要考虑怎么处置这些钱。在对待金钱方面，每个人的态度都不一样。有的人有了钱会马上花掉，而有的人则会把钱存进银行。就算存在银行里，有的人喜欢把钱存为活期，而有的人喜欢把钱存为定期。

喜欢把钱存定期的人，一般都是比较稳重的人，有的时候，他们甚至有点保守。他们不喜欢多变的生活，希望生活模式比较固定，生活习惯比较稳定。因此，他们日常的生活比较有规律。他们不希望生活总是处于变化之中，并不认为生活经常变动会带来新鲜感或是浪漫气息，相反，他们会觉得这样的生活是一种煎熬。而且，喜欢存定期的人会对自己的生活和经济情况做好规划，一切都在他的掌握中，才敢把钱存为定期。所以，喜欢把钱存定期的人一般比较稳重，他们会事先对自己的收入和支出情况进行预算，之后才将钱存为定期。

试想，如果他没有经过经济预算，便草率地存了定期，万一某天急用钱，那就没有办法了。他们的稳重特质，使他们不会让这种情况出现，这也是他们不喜欢生活经常变化的缘故。

总之，喜欢把钱存为定期的人，我们基本可以判断他是一个比较稳重、不喜欢变化的人。而有些人恰恰相反，喜欢把钱存为活期，这样的人思维活跃，容易冲动。

比如，去商场买鞋时，逛着逛着看到一件衣服不错，试穿效果也不错，本来不是来买衣服的，但突然就改变了主意，先买了衣服。其实自己并不缺衣服，甚至衣服多得穿不完，但因为一时冲动，就把钱花了出去。由此可见，这样的人对生活的计划性不强，常常会为突如其来的想法而消费。

他们把钱存为活期，也是因为他们害怕被约束。他们知道自己的思维比较活跃，随时可能遭遇各种状况，所以他们的钱必须保持灵活，能随时支取使用。他们在存钱时心中就已经做了这样的打算，所以他们不敢存为定期。

喜欢存活期的人，尽管想法有时候过于活跃，容易冲动，但另一方面，他们在生活中比较有激情。跟这样的人在一起，永远不会觉得生活沉闷单调，他们总有办法让生活变得丰富多彩。他们就像生活营养师，手里握着各种各样的生活"调味品"，该咸的时候就放点盐，该甜的时候就放点糖，总能令生活变得多滋多味。其实，冲动与激情往往就在一线之间。只要他们所做的事不是太离谱，便不失为可爱之人。

喜欢买保值物品的人，
比较有远见

当我们手头有了一些钱后，有的人会将其存入银行，而有的人则会将其花掉。花钱的方式也有很多种，有些人喜欢买些不实用的东西，摆在家里图几天的新鲜，过两天就扔在了一边；而有些人则很会享受生活，他们常购买一些能够保值的物件，这些物件即使过了几年甚至几十年也不会掉价，在赏玩的同时又有收藏的价值。

喜欢买保值物品的人，一般都比较有远见。他们不会因为一时兴趣去买什么东西，而是通常有一个较长远的打算。就好比下象棋一样，他们不会像那些新手一样走一步看一步，而是通常会走一步看好几步，展现出高瞻远瞩的气质。他们知道什么是该做的，什么是不该做的。这样的人很会享受生活，对生活质量要求很高，每一天都过得充实而有意义。另外，他们喜欢买保值的物件，也说明他们对生活和社会都做了深入研究。他们首先审视了自己的生活，知道什么是自己需要的。

他们买保值的东西，虽然暂时花钱了，但是以后还有望赚回来，而不会像时尚的电子产品一样，很快就掉价贬值。你不要以为这种研究浪费了他们的时间和精力，会让他们感到烦躁，实际上恰恰相反，他们甚至将这种研究视为生活的一种享受，乐于深入其中去研究和揣摩。

另外，喜欢购买保值物品的人，一般都是精明强干的人。首先，有能力买保值物品的人，往往具备一定的经济实力，因为保值物品通常都是不便宜的，而经济实力在一定程度上能反映一个人的能力。其次，他们能精打细算地安排生活，让自己的生活变得小资，很有味道。能够使购物成为既满足自己的需要，又实现保值的事，需要一定的精明之处。因此，这样的人最适合做生意，生意场是他们这种性格得以充分发挥的舞台。因为他们知道怎样挖掘并发挥金钱的价值。而且，他们能够通过研究社会情况来选择购买物品，同样也能够通过研究市场形势来做生意。

总之，当人们手中有钱的时候，就会涉及购买物品的情况。如果你身边的这个人在购物时非常喜欢买保值的物品，我们就可以初步判断出，他是一个比较有远见而且有头脑的人。

扫码获取
- 对话·AI鉴心师
- 聆听·智慧之声
- 解构·人格心理学
- 了解·情商智慧课